JN191994

成功の秘訣を知りつくしたコンサルタントが明かす！

スタートダッシュを成功させる
税理士のための
開業マニュアル

著者：株式会社船井総合研究所　士業支援部　会計グループ

第一法規

はじめに

　税理士事務所を開業しようとする人は、9割以上「失敗しない」と考えています。

　ですが、9割以上「成功するか」というと、そうとも言い切れないのも事実です。

　多くの方が、1人で食べていく分としては十分な売上があるものの、職員を複数名雇用し、売上1億円以上、従業員数10名以上の規模になるまで事務所を拡大させられるのは、開業した方のなかでも1割以下といわれています。

　もちろん、成功の基準というのは人それぞれだと思いますが、この本を読んでいただいている方は、「自分が食べていけること」だけを目標に開業された方ではないと思います。

　少なからず、事務所を大きくしたい、売上を上げていきたいと考えられている方が、この本を手に取ってくださっていると思います。

　この本をお読みいただいたからには、開業初年度からスタートダッシュをかけ、その狭き門をくぐりぬけてください。

　開業初年度からスタートダッシュを決める方法は非常にシンプルです。
① 　売上アップのルートづくり
② 　採用の成功手法
③ 　営業の仕組みづくり

　の3つの成功パターンをつくり、そのサイクルを回していくことができれば、あとはそのボリュームとサイクルの速さによって、どれだけの期間で達成できるかが決まります。

　もちろん、細かい話をすれば、売上アップのルートには色々な方法

がありますし、やり方によって効果は違いますが、売上アップのルートづくりとして持つべきものは「確実に集客できる方法」です。

採用の成功手法としては、やはり「何で集めるか」という募集媒体の良し悪しと、「どうやって集めるか」という方法論、そして「どうやって事務所にとってよい人を見極めていくか」というポイントを押さえることです。

開業後、はじめに当たる壁が人材採用になる方も多いと思います。

営業の仕組みづくりとは、経営者がやってきた売上アップのプロセスのうち、営業の部分を従業員に任せていくときに必要になることです。

営業にどれだけ時間を使えるかによって事務所の成長ペースが決まってくることになりますが、ここが任せられていないと、結局、営業はすべて経営者が担当していくことになり、経営者がそのまま営業を担当してしまうと売上が大きくなるにつれて成長が鈍化していってしまうことが多いのです。

そのため、ある一定の段階までにはその役割の引き継ぎのために、仕組づくりしておくことが必要になります。

このサイクルを回していくことで、事務所は成長軌道に乗ることになります。

そして、この段階になると業務オペレーションの課題や従業員の定着といった課題も出てくるようになり、それを解決できるかが、20名、30名と事務所を大きくしていくなかで解決すべき課題となっていくのです。

本書のなかでは、現在の会計事務所業界で最も伸びるマーケットである創業支援マーケットに焦点を当て、売上を上げていくための方法論について、できるだけ詳細に書いています。

　リスクを抱え、開業にチャレンジされた皆様の開業成功のマニュアルとなり、税理士としても経営者としても大きく成功していただくために少しでも貢献できるよう、本書に私たちが知り得るノウハウを書いています。

　ここから開業初年度からスタートダッシュを決めるための戦略づくりと、皆様の開業成功の第一歩が始まります。

　　　　　　株式会社船井総合研究所　士業支援部　会計グループ

～本書をご購入いただいた方限定特典のご案内～

　本書内でご案内しているツールのうち、即営業で活用いただける
・営業アプローチブック
・営業用ヒアリングシート
をプレゼントさせていただきます！

　また、本書でも取り上げております、会社設立・創業融資を切り口
とした顧問契約獲得の実践的手法を提供する、「創業支援ビジネス経
営研究会」（船井総合研究所主催）に無料ご招待いたします。

　ツールプレゼントおよび創業支援ビジネス経営研究会
への無料ご招待にご興味ございます方は、右記QRコード
よりお申し込みください。

船井総合研究所　会計事務所経営ドットコム
http://www.samurai271.com/zeirishi/
「船井総研　税理士　コンサル」で検索

目　次

はじめに

~本書をご購入いただいた方限定特典のご案内~

Ⅰ　税理士として開業するということ

Ⅱ　開業に失敗しないために準備すること

Ⅲ　開業プランと開業初年度の現実

目　次

I

税理士として
開業するということ

Ⅰ－1 開業前の心構え編

開業を成功させる心構え

1. 開業の目的を明確に立てる

2. 成長の戦略を持つ

3. 計画に落とし込み、成功のイメージを具体化する

　税理士の開業に限らず、どんな事業であってもその事業を興す目的というのが存在します。その内容は人それぞれで、会社によって異なりますが、この目的がはっきりしていないとそもそも事業の方向性や軸がぶれてしまい、成功から遠ざかってしまいます。

　したがって、開業を考えられたときには、まず開業する目的は何か？を明確にすることが大切なプロセスです。

1.　開業の目的とは何か？

　開業を目指す方、実際に開業される方は、少なからず開業をすることで得たいこと、達成したいことがあると思います。

　このときに考えていた目標や目的が事業のモチベーションとなり、経営するうえでの大事な指針となるためです。

　そして、この目的はできる限り具体的にしておくことをおすすめします。

　開業前は開業というもののイメージがなかなか浮かばないという方も多いのですが、ここで立てた目的を1つひとつ目標に落とし込み、成長のステップとしていくことが開業から短期間で成長するための何よりのエンジンとなります。

　こうした1つひとつの考えが、やがて事務所の理念となりビジョンとなり、事務所の目標となっていくことで組織が成長していくことに

つながります。

　また、ここで考えた開業の目的はできるだけご家族の方にも共有していただくことをおすすめしています。

　開業したその時から経営者となるわけですが、実際に経営者といわれる人は社内には並ぶ人がおらず、孤独といわれることが多い立場です。ご家族の方が、その立場を支えてくれる数少ない協力者となってくれることも、事業成功の大事なポイントです。

2.　成長する戦略を持つ

　税理士業界も次第と競争が激しくなってきている業界の1つです。開業される方ももちろん意識されていると思いますが、ほかの事務所と同じことをしていて簡単に成功するような業界ではなくなってきています。なんとなく税理士事務所を開業してみた、という感覚では、開業からスタートダッシュを成功するということはまずないでしょう。

　そこで大事な観点になるのが、成長する戦略を持つということです。

　事務所としてどういう点を強みとしていくのか？　どこで他事務所との差別化をしていくのか？は事務所を大きく拡大させていくなかでとても重要です。

　開業からスタートダッシュを成功させようという強い意識を持った方が本書をお読みくださっていると思いますが、今おすすめさせていただきたいのが、「創業支援」を中心とした事務所の成長戦略です。

　創業というと、「会社設立を安く提供して顧問を取る」という手法を思い浮かべる方もいると思いますが、今は違います。

　創業のターゲットは大きく変わりませんが、創業融資を大きな切り口として付加価値の高い創業サービスを提供し、創業後も財務面でのサポートを中心に、ほかの税理士事務所との差別化を考えたサービスを提供する戦略で多くの開業税理士が初年度から大きく売上を上げる

スタートダッシュに成功しています。

　もちろん、これ以外にも選択肢はありますが、まずは「創業支援」に特化することが開業初年度からスタートダッシュを成功させる秘訣であることはいうまでもありません。

3.　計画に落とし込み、成功のイメージを持つ

　これまでに考えた、開業の目的・目標のイメージと事務所の成長戦略から、大まかな目標イメージを描きます。年間の売上目標や顧客数の目標などに落とし込むのが良いでしょう。

　大まかな目標のイメージを立てた後は、実際にそれを実現させるためのアクションプランを描いていくことになります。

　ここを具体化させることで、行動が明確になります。その行動目標達成に向けたプロセスをしっかり歩むことで、ご自身が考える開業の目的の達成につながっていくのです。

　本書では、この創業支援に特化した事務所戦略を前提として、その実行までを詳細に解説していきます。

開業の目的

事務所の成長戦略

中期達成目標

1年後

3年後

5年後

10年後

Ⅰ-2 戦略の重要性

戦略の重要性

1. 勝てる戦略立案が大事
2. マーケティングプランと商圏調査に時間をかける
3. 立地が最重要！　内装はコストを抑えることを意識する

確実に開業を成功させるためには、開業の戦略をどう計画していくかが最重要です。計画時点で無理な計画を立てたり、到底実現できない夢のようなプランを立てたりすることに意味はありません。

確実に勝てる戦略を立てられるかが成功の分かれ目です。

1. 勝てる戦略立案が大事

そもそも勝てる戦略立案重要なポイントは、「ビジネスモデル」と「マーケット」の2つです。

今、勝てるビジネスモデルとは、前述したように、「創業支援ビジネスに特化する」になりますが、日本全国どこでやっても成功するかどうかはわかりません。

それを左右しているのが、「マーケット」のボリュームと競合性です。

要するに、すでにそのマーケットで競合となる企業があり、多くの件数を獲得している可能性があるのであれば、競合性が高いマーケットとなり、成功の可能性は低くなります。

反対に、競合がいない、あるいは、いたとしても注力しているようにみえない、という場合には、そこでの成功率が上がります。

つまり、「創業支援ビジネスが通用する」エリアで開業できさえすれば、一気に開業の成功率が高まるのです。

2．マーケティングプランと商圏調査に時間をかける

　ここまでお伝えしたように開業成功のポイントとして、最重要といえるのは、開業立地の選定になります。

　創業支援を中心とした戦略のなかでは、「法人設立数」や「開業数」などのデータを収集・分析し、ターゲット見込み客がどの程度いるのかを把握します。

　同時に、同じように創業支援をコンセプトとしている競合となる事務所があるのかどうかも調査します。

　詳細は後述しますが、上記の情報を参考に開業物件を探し、開業立地を決めていきます。この立地選定が開業成功における最重要ポイントですので、必ず外さないようにしましょう。

3．立地が最重要！　内装はコストを抑えることを意識する

　実際に候補に挙がった物件のなかから、立地を最重要視したうえで物件を決定します。アクセスのよい立地を選ぶことで集客コストや、顧問契約後の移動コストの削減につながります。

　立地にコストをかける分、内装・家具については、可能な限りローコストで進めたいです。

　特に、お客様の目につかない部分はお金をかけすぎないことが大切です。

　開業された税理士のなかには、中古オフィス家具を上手に活用してコストを抑えたり、ニトリ・イケアといった会社の家具を取り入れたりすることで、低コストに抑えながら、事務所の雰囲気や見た目のイメージを下げずに家具を充実させることが可能になります。

　ちなみに、リースという方法を検討する場合もありますが、実際に利用したケースはあまり多くなく、開業時は、ほとんどの方が買い取りや中古品などでコストを抑えた備品調達を行っています。

Ⅰ−3 開業までのプロセスとスケジュール

　確実に開業を成功させるためには、開業までのプランづくりとプロセスがとても大事になってきます。ここでは、開業までに行っておくべきプロセスを洗い直し、開業までに行っておくべきことをまとめます。

1．理想は1年前、少なくても6か月以上の準備期間を持つ

　皆さんは開業準備にどれぐらいの時間をかけていますか？　私たちがサポートしてきた税理士のなかで成功する税理士を見てみると、6か月〜1年間を開業までの準備期間としてあてている方が多いです。

　もちろん、ただ時間を多くかければいいというわけではありません。マーケットの環境もその都度変わっていっていますので、あまり時間をかけすぎてしまうと、そもそも環境や時流が変わってしまい、当初のプランどおりに進まないことも起こり得ます。

　6か月から1年という期間のなかで、やるべきことを1つひとつこなしていき、準備を進めながらもスピーディーに開業まで持ち込むことも成功のポイントの1つです。

2．開業までのプロセスとスケジュール

6か月〜1年前：開業エリアの選定と事業計画・資金計画の立案

・会社設立件数や開業数をもとに、開業エリアの候補地を絞り込む。
・開業の目的や将来的な目標を考え、事業計画に落とし込む。
・開業までに必要な資金を計算し、用意できる自己資金と銀行から受ける融資の額を決めておく。

↓

4か月〜6か月前：具体的な開業立地の選定

・開業エリアの候補地から競合調査などを行い、具体的な開業立地を

決めていく。

・同時に物件探しに入っていく。

↓

3か月前：開業立地の確定と資金調達

・開業候補地のなかから契約物件を確定し、具体的な開業日の目安を確定する。

・オフィスの内装、家具の調達など具体的な金額を出していき、必要資金の確定と融資申請のための事業計画書の作成と融資申請を進める。

↓

2か月前：税理士会への登録、開業に合わせた営業ツールの準備

・税理士会に登録申請書を提出する。

・開業に合わせた営業ツール（ホームページやダイレクトメール、名刺、会社案内）の作成を進め、開業と同時に営業ができるように手配を進める。

・電話や事務機器、パソコン、会計ソフトなど具体的に準備すべきものの手配と導入を進めていく。

↓

1か月前：内装工事、オフィス設備導入完了、採用準備

・内装工事やオフィス家具、備品の導入を完了させオフィス開設の準備を終わらせる。

・場合によっては採用の手配を進め、ハローワークへの届出や採用媒体への掲載を進める。

↓

1週間前：営業ツールの完成

・準備していた営業ツール（ホームページやダイレクトメール、名刺、会社案内）を完成させ、開業直後の営業スタートに備える。

・WEB広告への登録を行う（Google、Yahoo!）

↓

開業当日；営業開始

・ホームページのオープンと広告開始、ダイレクトメールの発送を進め、開業直後から営業を進められる体制を作る。

↓

開業1か月以内：先輩税理士、周辺士業へのあいさつ回り

・地域の先輩税理士や周辺士業事務所へのあいさつ回りを行い、関係性を構築する。開業間もないときには心強いサポートとなる。

Ⅰ−4 開業のメリット・デメリット

　開業で得られることは、よいことばかりではありません。

　これまでやらなくてもよかったことを、やらなくてはならなくなります。

　そんな開業のメリット・デメリットをまとめさせていただきました。

1. 開業のメリット

　開業では多くのことを得られますが、最大のメリットは「自分ですべてのことを決められる」ということでしょう。自分の収入はもちろん、オフィスの場所、働くスタッフ、顧客に提供したいサービスとその価格、具体的な仕事内容など、何でも自分で決めて実行することができます。

　それに加え、定年というものがありませんので、自分が働き続ける限り働けますし、働くのをやめることも自由です。

　大規模な組織をつくることもできますし、小規模で止めることもできます。

　すべては自分の考えた範囲のこと。この自由さがやはり開業する最大のメリットといえるのではないでしょうか。

2. 開業のデメリット

　開業のデメリットとは、メリットの裏返しにもなりますが、総じて自由にできることに対する責任ということになるかと思います。

　自分も含めスタッフが万が一何か失敗をした場合は、すべて自分の責任となり、勤務していたときと比較して多くのリスクを背負うこととなります。

　収入や仕事を自分で決められる反面、まったく売上が上がらず収入

がほとんどないときもあったり、仕事を最後まで終わらせるために何日も夜遅くまで働くことになったり、ということも受け入れなくてはなりません。

　また、勤務時代は勤務先の会社が持っていた信用やブランドがありましたが開業すればこれらをゼロから作っていかなくてはなりませんので、それまでと同じようにはいかないこともあるでしょう。

　開業後は経営者として、管理者として、実務家としてそれぞれの面を使い分けながら事務所経営に当たらなくてはなりませんので、これまでより多くの役割を担うことになります。

　自由度の高さとの裏返しとなりますが、それだけの責任を負うことになるということが、最大のデメリットといえるのではないかと思います。

　これを読んで、開業はリスクがあると思われるのであれば、まだ開業のタイミングとしては早いのかもしれません。

　逆に、早く自分でやってみたい！　と思えるようなマインドになっているのであれば、開業後の荒波もしっかり乗り越えていくだけの準備ができているといえるでしょう。

　開業の成功には、前向きに開業にチャレンジできるということが何より大切なポイントといえます。

Ⅰ－5 まずは10名事務所を目指す

☞Ⅵ❷（225ページ）

開業初年度からスタートダッシュを決めるためのポイント

1. まずは10名事務所を最短距離で突破することを決める

2. 10名を超えるためには、売上アップと採用がポイントになる

3. 10名事務所までを最短距離で抜けてから、安定経営を目指す

開業の目的を整理して、目標を持つことの大切さを説明しましたが、時に大きすぎる目標を描きすぎて、なかなかそこに辿り着かず、そうこうしているうちに日々の仕事に追われてしまい、いつの間にか開業の想いが遠くなってしまったという方も少なくありません。

そこで、開業初年度から道に迷わず、確実にスタートダッシュを決めるためには、「10名事務所を最短で突破するには？」と、ひとまずの目標を置いていただくことも1つの方法だと考えています。

1. 税理士事務所の95％が10名未満の事務所

統計によると、税理士事務所の95％が10名未満の事務所といわれています。売上で考えると約1億円未満ということです。

実は、この10名事務所というのは1つの壁にもなっており、10名未満のときの税理士事務所の経営数値と10名を超えた数字とでは大きく異なる傾向にあります。

船井総合研究所の会計事務所経営研究会会員様からのアンケート結果によると、10名を超えない事務所は「定着率が低く」「生産性が低く」「利益率も低い」という傾向があります。

10名事務所は、目標という意味でも1つの指標ですが、税理士事務所の経営安定化という意味でも1つの指標であるといえます。

事務所規模	売上成長率	生産性(千円)	人件費率	営業利益率	退職率
10名〜19名	119.7%	8,113	38.8%	24.9%	10.9%
5名〜9名	124.2%	6,246	31.2%	16.6%	21.7%
4名未満	171.6%	6,123	12.4%	32.5%	2.4%

2．10名事務所になるために必要なこととは

　10名事務所となるために必要なことは、「売上アップの仕組みづくり」と「事務所の考えと合う人材を採用すること」の2つです。

　開業から3、4名の規模までは、所長の仕事を手伝ってもらえるような人をまずは雇うこととなりますが、5名を超える規模となると、所長の仕事を手伝うというよりも、仕事を渡して担当を持ち、所長の代わりとなる人材を採用し、仕事を任せていく段階となります。

　この段階になると、仕事に対する考え方、事務所の方針、お客様への想い、対面が共有されていないと、クレームがきたり、解約となったり、求める人材の質が合わずに辞めることになったりと組織の安定にも課題が出てきます。

　そのため、事務所の方針を理解し、考え方の合う社員を採用することが大事になります。

　そして、そもそも人を増やすに当たっては、売上が上がっている状態にしておかなくてはなりません。

　売上アップの仕組みを持っているのか、たまたま、お客様が増えたというのとでは大きな違いがあります。10名を超えて30名、50名となっていくためには、狙って売上アップができる状態にしなくてはなりません。

3．最短距離で10名を目指してほしい

　事務所の1つの安定指標が10名という単位です。生産性や定着率は、10名を超える規模にならないと目にみえて安定しません。

　本書をご覧いただいている皆様は、将来的には30名、50名といった規模を達成させることを考えている方が多いと思いますが、まずは開業何年目に10名事務所を達成できるのか？　を考えていただくことで、ぶれることなく開業初年度をハイペースで突破できると思います。

I-6 税理士業界の動向

業界動向を押さえるうえでのポイント

1. 現在、税理士マーケットは競合が増え続けるマーケットである

2. 税理士業界は将来的に大きな人手不足に陥る可能性がある

3. 労働力に頼りすぎない、効率的な経営がポイントになる

　ここまで、開業される方自身の考え方やプロセスを説明してきましたが、当然、税理士業界全体の時流の影響も受けることとなります。

　ここでは、税理士業界の動向や広く日本経済の動向についても説明します。

1. 税理士登録者数は毎年増え続けている

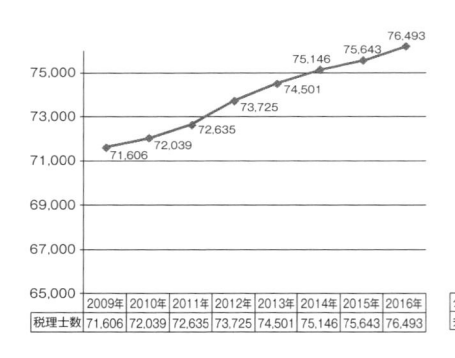

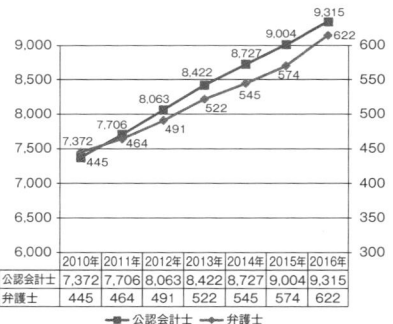

	2009年	2010年	2011年	2012年	2013年	2014年	2015年	2016年
税理士数	71,606	72,039	72,635	73,725	74,501	75,146	75,643	76,493

	2010年	2011年	2012年	2013年	2014年	2015年	2016年
公認会計士	7,372	7,706	8,063	8,422	8,727	9,004	9,315
弁護士	445	464	491	522	545	574	622

■← 公認会計士　─←─ 弁護士

　国税庁から発表されている税理士登録者数の推移をみると、税理士の登録者数はこれまでずっと右肩上がりで増え続けてきました。

　毎年500名〜1,000名程度の範囲で増え続けてきています。これはすなわち、競合となる税理士が増えていることを意味します。

　特に、最近、顕著な傾向としてあるのは、試験合格や税務署OBと

いう純粋に税理士の資格からスタートする人だけでなく、弁護士や公認会計士有資格者の税理士登録が増えているということです。

　純粋に税理士資格を取得された方は、先代の税理士がいない場合は1からのスタートとなり、いきなり競合となるわけではありません。

　しかし、他の資格を持っている方の税理士登録、特に弁護士有資格者の税理士登録の場合、既に弁護士としてのキャリアがあり、さらなる事業展開として税理士資格を取得されるケースが多くなります。

　その場合、弁護士の事業で得た利益を税理士業界に投資することができるため、はじめからよい立地への出店や、多額の広告費を使って事業展開をしてくるケースがあるため、みなさんが開業される事務所の近くに出店される場合には注意が必要となります。

2．税理士業界からの"業界離れ"が起こっている

　先ほど、税理士登録者数は毎年増え続けている、と説明しましたが、将来においてもこれが続いていくわけではありません。

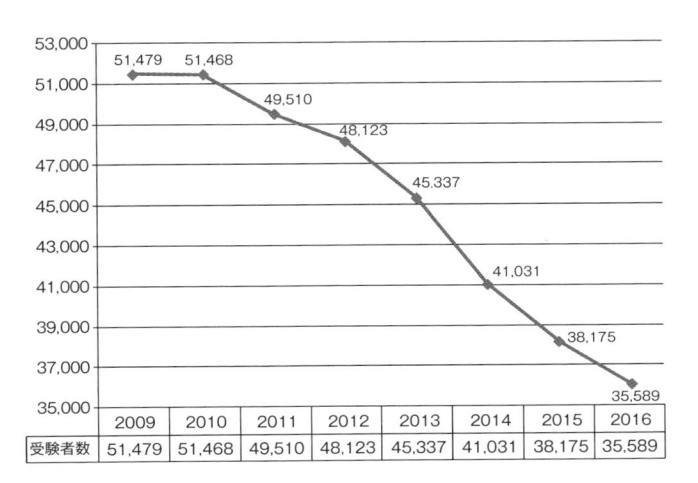

	2009	2010	2011	2012	2013	2014	2015	2016
受験者数	51,479	51,468	49,510	48,123	45,337	41,031	38,175	35,589

　最新の国税庁統計情報によれば、税理士試験の受験者数はここ数年で大きく減少しており、2010年まで51,468人いた受験者数が、2016年には35,589人まで大きく落ち込んでいます。

　現在は税理士登録者数が毎年増え続ける状況にありますが、今後は税理士登録者数も減少傾向に入るだけでなく、税理士業界を目指す人口そのものが減少している傾向を示しており、今後は採用が大きな課題になることが予想されます。

▌3. 今後、労働力確保が事務所の大きな課題の１つに

　これまで税理士業界の時流についてお伝えしてきましたが、日本全体の時流の影響を大きく受けることも忘れてはなりません。影響を受ける最も大きな時流は、人口減からくる労働力の減少です。

　現在、日本の人口は減少傾向に入っています。国立社会保障・人口問題研究所の発表によると、出産中位推計に基づけば、2015年時点の１億2,709万人から、2053年には9,924万人と１億人を割り、2065年には8,808万人まで減少すると予測され、さらに、生産年齢（15 ～ 64歳）の人口は、2015年時点での7,728万人（60.8%）から2065年時には4,147万人（51.4%）となり、人口の減少に伴って大きく減少することが予想されています。

　これは日本経済全体にも影響し、特に働き盛りの人材に対する"取り合い"が予想されます。

　税理士業界としても、労働力の減少を念頭に置いたうえで、採用活動における工夫や安心して働ける職場づくりなど、労働力確保に向けた工夫が必要です。

　また、IT化やクラウド化による効率的な事務所経営を取り入れ、労働集約型の業務体制から脱却することも大事になってきます。

Ｉ－７ 税理士業界のライフサイクル

ライフサイクルを押さえるうえでのポイント

1. 税理士事務所業界は転換期を迎えている

2. 税理士として「何で選ばれる＝差別化するか？」を決める

3. 一番力を入れるべきは、「商品力」

　船井総合研究所では、業界の時流を視覚的にとらえるものとして、ライフサイクルという考え方を持っています。

　ライフサイクルはすべての業界、商品それぞれに存在し、ビジネスとしてゼロからスタートしてから、そのビジネスが衰退するまでそれぞれの段階に応じてどんな攻め方をすればよいのかという傾向をつかむものです。

　ここでは税理士事務所のライフサイクルとその見方、とらえ方についてお伝えします。

1. 税理士事務所業界は、全体のライフサイクルとして、転換期を迎えている

会計事務所・税理士事務所業界のライフサイクル

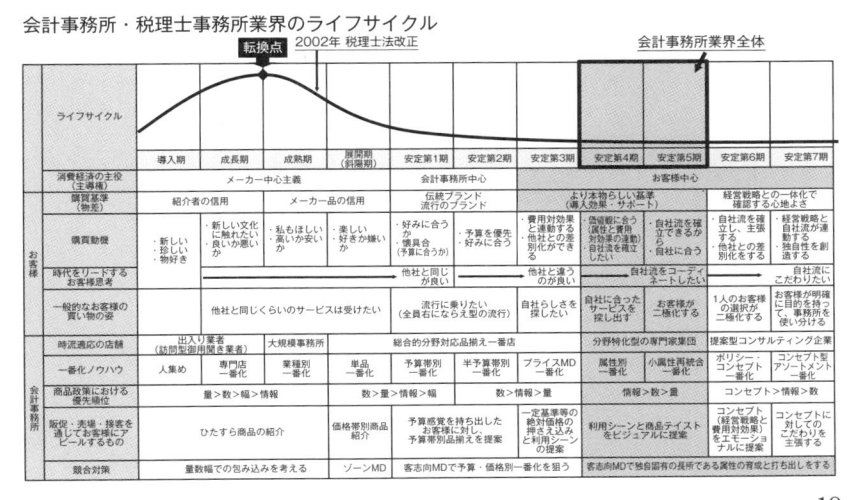

　税理士事務所業界全体のライフサイクルとしては、転換点を越えた位置にきていると考えられます。転換点とは、需給バランスの転換点であり、越える前＝需要の方が多い、越えた後＝供給の方が多いという特徴があります。

　したがって、ライフサイクルを読むうえで重要なポイントは、「転換を迎える前か？　後か？」ということになります。

　転換点を越えた後のビジネスでは、顧客に主導権が移り、顧客はどこで買うかを「選ぶ」ようになります。つまり、サービスの提供側としては、「選ばれる」ということが重要になります。

　この「選ばれる」ということが、すなわち「差別化」となり、その差別化を考えなくてはいけなくなるタイミングになります。

　ちなみに、最も比較されやすいのが価格で、転換点を越えたビジネスは「価格比較（相見積り）」をされやすくなってきます。

2．税理士事務所は "選ばれる" ことが大事

　ライフサイクルの考え方では、税理士事務所は既に転換点を越えており、お客様に選ばれること＝他社と差別化することが重要になっています。

　船井流では、差別化するポイントについて、8つの要素で説明しています。

高い　影響力　低い	戦略的差別化要素		
	1．立地	⇒	アクセスのよさ
	2．規模	⇒	売上・従業員数・実績
	3．ブランド	⇒	知名度
	戦術的差別化要素		
	4．商品力	⇒	商品数・質
	5．販促力	⇒	ＨＰ、ＤＭ、セミナー等
	6．接客力	⇒	接客・接遇、電話対応
	7．価格力	⇒	低価格〜高価格の幅
	8．固定客化力	⇒	継続購入を勧める仕組み

差別化の8要素と呼んでいるこの8つの項目は、より影響度の高い「戦略的差別化要素」と「戦術的差別化要素」の2つに大きく分かれています。

戦略的差別化要素には、「立地」「規模」「ブランド」の3要素があり、これは強者の戦略として、「持っていれば使うべき」項目です。

しかし、開業時にこれらが揃っていることはほぼなく、現実的には、戦術的差別化要素である、「商品力」「販促力」「接客力」「価格力」「固定客化力」の5つの要素で戦っていくこととなります。

3. 大事なのは、「商品力」

5つの戦術的差別化要素のうち、特に重要となるのが「商品力」の差別化です。

なぜ重要かというと、税理士の商品販売のうち、7割以上は「顧問契約」という商品が占めます。しかし、この顧問契約というのは外からその差が見えにくく、一見するとどこも同じ商品を売っているように思われがちです。

同じ商品と思われてしまえば、差がつくのは販促や接客や価格となるのですが、その中で一番わかりやすいのは価格です。

つまり、顧問契約という商品を売っていくのであれば、「安い商品」に「たくさん広告費をかける」ことになってしまいます。これは、少し前の税理士業界で流行った販促手法です。

そのため、何よりもまず、「何の商品で差別化をするのか」が最も重要になります。その商品に合わせて販促を打ち、事務所に来たお客様に丁寧に対応し、相手のニーズに合わせた価格幅（ローサービス・ローコスト～ハイサービス・ハイコスト）を意識して、開業時の商品をつくっていきましょう。

Ⅰ-8 開業税理士が成功するポイント

☞Ⅵ❸（227ページ）

> **開業税理士が成功するポイント**
>
> **1. 力相応に勝負ができる創業マーケットを狙う**
> **2. 創業融資を切り口とした創業支援サービスで差別化する**
> **3. 将来のニーズの変化に合わせたサービスを展開する**

　ここまで、税理士業界の競争が激しくなるなか、差別化できる商品を持つことが重要であることを説明しました。

　開業したばかりの税理士が差別化できる商品を持つというと、なかなかイメージがつきにくい方もいるかもしれませんが、実は今、開業したばかりの税理士でも他社と差別化し大きな成果を上げている切り口があります。それが、創業融資を切り口とした新しい創業支援サービスです。

1. 力相応に勝負ができる創業マーケットを狙う

　開業したばかりの税理士が、顧問契約という商品でほかの税理士に勝つことは簡単なことではありません。開業前の経験でサービスに自信がある方も多いとは思いますが、顧問契約はそれだけではなく、長年のお付き合いや関係性なども影響してくるサービスであるため、そう簡単に切り替えてくれないという側面もあるのです。

　ましてや地方においては、ほかの税理士の顧問先の切り替えばかりを狙っていれば、当然、周りの税理士としてはよい思いはしませんし、開業した税理士にとってもよい影響はありません。

　そのため、ほかの税理士の顧問先の切替えを機に顧客を獲得する方針では開業からスタートダッシュを決めることはかなり難しくなってしまいます。

そこで、初めて税理士の顧問契約を依頼する層をターゲットにするという戦略が必要になるのですが、最もわかりやすくその対象となるのが、起業・創業する企業（創業マーケット）です。そして、起業・創業をサポートし、顧問先を増やしていく方法が、「創業支援」という戦略です。

2．創業融資を切り口とした創業支援サービスで差別化する

創業マーケットに対する切り口としては、これまで一般的だったのが、「会社設立手続を低価格でサポートし、同時に顧問契約を結んでいく」という方法でした。

この方法は誰でも取り組めるため、取り組む税理士も多く、都市部を中心に非常に競争が激化している分野でもあります。

そこで、創業マーケットの新たな切り口になっているのが、「創業融資」を中心とした切り口です。

日本政策金融公庫発表の、「平成27年度　新規開業実態調査」「平成27年度　起業と起業意識に関する調査」によると、起業前、開業時、開業間もない起業家が共通して最も苦労しているテーマが、「資金繰り・資金調達」であるという情報が公開されています。

しかしながら、起業家が起業時の相談相手として税理士を選んでいる割合は色々な相談相手がいるなかで、3.8%にとどまっているという情報もあります（中小企業白書（2017年版））。

というのも、これまで税理士が融資にかかわるというと、金融機関の紹介にとどまっていることが多く、事業計画書の作成や融資申請資料の作成などは金融機関か起業する当事者が自分で何とかしているケースがほとんどで、かかわり方もはっきりしていませんでした。

しかし、創業融資の成功率と金利、プロセスの代行という価値を明確にし、創業融資の申請支援を商品化させていくことで、開業したばかりでも差別化できる商品を持つことに成功する税理士も出てきてい

ます。実際に、創業マーケットの競争の激しい都市部においても、開業初年度から1,500万円以上の新規受注を達成するなど大きな成果を上げている事例が出てきています。

3．将来のニーズの変化に合わせたサービスを展開する

　実は、創業融資に取り組むことが差別化できる商品の本質ではありません。

　あくまでも創業融資は入り口で、本質的には創業後の資金繰りや財務面のサポートに取り組むことが本当の目的です。

　AI・ITが進化しているなか、税理士のサービスの価値も変わろうとしています。例えば、従来の「過去の実績をもとにしたレポート的顧問契約サービス」や「記帳代行が顧問契約で提供しているサービスのすべて」というような顧問契約の価値は、AIに取って代わられようとしています。

　そのなかで、顧問契約の価値を提供することができるのが、資金繰りや財務面のサポートであり、将来の数値を予測しながらそれに合わせて必要な財務戦略や資金調達、資金繰りのサポートを提供していくことが、ほかの税理士との差別化を図ることになります。

　時流に合った高い成長率を確保できるサービスである創業融資と将来を見据えた財務顧問サービスが、開業初年度からスタートダッシュを成功させる最大のポイントとなるのです。

II

開業に失敗しない
ために準備すること

Ⅱ－1 開業から5年間の事業計画

☞Ⅵ❶（220ページ）

事業計画のポイント

1. 正しい方向に目標を設定しよう～経営のコツは「環境適応」～
2. 士業事務所の発展段階に応じた中長期計画を立てよう

1. 正しい方向に目標を設定しよう ～経営のコツは「環境適応」～

　一生懸命に経営をしたとしても、取り組む努力が見当違いな方向に進んで行ってしまっては、せっかくかけたお金や時間が無駄になってしまいます。そうならないように、「中長期的に発展が可能な」正しい方向に目標を設定することが大切です。

　船井総合研究所では、経営のコツは「環境適応」、つまり常に環境に適応していくことだと考えています。環境適応は、次の2つを実現することで可能になります。1つ目は外部環境に注目して、今、何をすべきかを考える**「時流適応主義」**、2つ目は内部環境である自身の強み・弱みを分析し何ができるのかを考え、力相応に一番を狙う**「一番主義」**です。この2つの考え方を指針として、今狙うべき市場に対して何ができるかを整理し、それを踏まえて正しい目標を設定しましょう。

2. 士業事務所の発展段階に応じた中長期計画を立てよう

　直近1年間の計画を作成する前に、まず5年以上の中～長期計画を策定しましょう。その際に、意識したいのは「士業事務所の発展段階」です。経営には、大きく分けて「生業」「家業」「企業」という3つの段階があります。できれば、「企業」まで見据えた事業計画を目指してください。

組織	経営者	役割
生業	職人	自分の成果を最大化
家業	親方	自分を中心に組織の成果を最大化
企業	経営者	経営者は現場の業務から離れても成果が出る

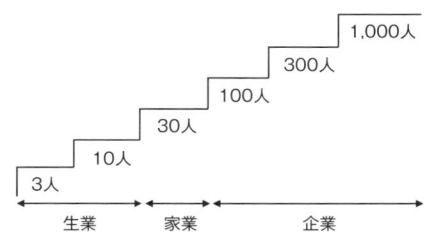

　また、その段階によって事務所規模も、3人、10人、30人と、従業員が増えていくにつれ、経営者が役割を変えていかなければ乗り越えられない壁も生まれます。それらの壁を乗り越えていくイメージを持って、中～長期の事業計画を作成しましょう。

　事業計画のイメージは、下記をご参考ください。

項目	初年度	2期目	3期目	4期目	5期目
経営基本方針	新規顧問先の獲得、売上獲得　継続・安定的に新規獲得を実現する仕組みづくり	処理体制の効率化　顧問業務を効率的に行うための体制づくり	採用の仕組みづくり　よい人材を継続的に獲得するための仕組みづくり	付加価値アップ　既存サービスの満足度維持・向上のための、見直し・改善	新サービスの開発　他事務所との差別化・時流に合わせた経営のための新サービス開発
売上計画(千円)	8,500	16,500	27,500	44,000	66,000
法人	7,200	13,500	22,500	36,000	54,000
個人	800	1,500	2,500	4,000	6,000
スポット	500	1,500	2,500	4,000	6,000
販売管理費(千円)	4,350	7,850	18,050	28,100	41,000
人件費(千円)※所長分含まず	0	1,100	6,200	11,300	16,400
販促費(千円)	850	1,650	2,750	4,400	6,600
賃料(千円)	1,800	1,800	3,600	3,600	4,800
その他経費(千円)	1,700	3,300	5,500	8,800	13,200
営業利益(千円)	4,150	8,650	9,450	15,900	25,000
顧問先数(合計)	22	41	69	110	165
法人	18	34	56	90	135
個人	4	8	13	20	30
人数合計	1	2	4	6	8
所長	1	1	1	1	1
正社員			1	2	3
パート・アルバイト	0	1	2	3	4

　5年後の成長目標から逆算して、毎年ごとに1つの大きな方針を決め、その達成を目指すことをおすすめします。人は、多くのことを同時に推進できません。その「1つ」を必ずやりきり、着実に次のステップへと進んでいくことが大切です。

　なお、税理士事務所は個人事業であることが多いため、内部留保の考え方を持つのが難しいですが、毎年内部留保をしていく癖付をするために、所長の給与は人件費としてカウントすることをおすすめします。

Ⅱ－2 開業立地選定のポイント

1. 事業計画達成に向け、最も有利な立地を選定しよう

2. 営業面、採用面で有利な立地を選択しよう

ここでは、立地選定の手順についてご説明します。

① **事業計画達成上、最低限必要なターゲット数が存在すると予測されるエリアを候補地としてピックアップ**

まずは、目標達成に必要な需要が存在すると思われるエリアをピックアップしましょう。新設法人をターゲットにするのであれば「会社設立件数」、資産税に特化するのであれば「相続税申告件数」などの官公庁や民間機関が公表している統計情報を分析して、ターゲットの需要があるエリアを選定しましょう。

② **各エリアについて競合調査を実施（マーケティング、採用）**

需要が多いと見込まれるエリアをピックアップできたら、次は競合調査です。最も手軽かつ低コストなのはインターネットを活用した競合調査です。例えば「テーマ×税理士×エリア」で検索してみると、同エリア内で主要な競合事務所が出てくるはずです。それらの事務所の数を見て、まずは競合数を把握しましょう。そして、それぞれのホームページを見て、「そのテーマで実績がありそうか」「マーケティング上競合

になりそうか（マーケティング活動をしておらず、ただ、ホームページに掲げているだけの事務所もあります）」などを分析しましょう。

　また、同時に採用に関する競合調査も忘れてはいけません。「エリア×会計事務所×採用」などで検索すると、競合事務所の求人募集を見ることができます。募集を出している会計事務所の数や、募集している給与金額をチェックしましょう。

③　開業予定エリアの決定

　①、②で調べあげたなかから、最も効率的に「営業」と「人材採用」が行えそうな立地を選択しましょう。営業、採用においても、今や不可欠といえるほどに、インターネットがかなりの重要な部分を占めています。一方で、税理士業界は50％以上が60歳以上（2017年3月時点）を占め、インターネットによる営業活動、採用活動が苦手な業界でもあります。インターネット上の競合が手薄なエリアに重点を置き、エリアの決定を行いましょう。

④　エリア内で最もアクセスのよい物件をピックアップ

　選定したエリアによって、「電車」で移動する方が多いエリアなのか、また、「車」で移動する方が多いエリアなのかが異なります。「電車」、「車」ともに、30分以内に十分なターゲット数が存在するエリアを開業予定地として選定しましょう。その際、「乗降客数の多い駅の近く」「車の交通量が一定数確保できるアクセスのよいエリア」「近くに目印となりやすい有名な建物がある」などの条件も確認したうえで選ぶことがポイントです。

⑤　事業計画上無理のない賃料の物件に決定

　予定したとおり顧客が増えれば、十分に賄える賃料の物件に決定しましょう。売上に対する賃料の割合は上限10％として設定しましょう。

税理士事務所の業務には労働集約的なサービスも多いため、売上に応じて、スタッフを増員する必要が生じます。事務所の広さに少し余裕があるような物件を選びましょう。

Ⅱ-3 事務所レイアウト

事務所レイアウトのポイント

1. 顧客獲得における「信頼、安心」を勝ち取れるレイアウト

2. 求職者に「この事務所で働きたい」と感じさせるレイアウト

3. 従業員との距離感が近く、マネジメントしやすいレイアウト

　お客様や求職者は、事務所の雰囲気からその税理士事務所の信頼度や安心感を測ります。下記のポイントに注意して、レイアウトを考えましょう。

①　面談スペースと業務スペースは仕切る

　お客様は、安心して相談できる場所なのかを気にします。面談専用に個別のスペースを設けましょう。採用選考希望者にとっても、相談できるプライベートなスペースがあることは安心につながります。

②　机、椅子などの内装は事務所の個性が出るものを選ぶ

　お客様や採用選考希望者によっては、「税理士事務所はどこも一緒だろう」と思っているケースが少なくありません。事務所の雰囲気について個性が出ていると、「この事務所は何か他と違うぞ？」と感じてくれます。

③　ドリンクメニューなどおもてなしアイテムを準備する

　おもてなしについても、他の事務所と差別化しましょう。現在では、お茶やコーヒー以外のドリンクメニューなども一般的になってきたといえるでしょう。ドリンクメニューの種類を豊富にする、もしくは、驚くようなドリンクメニューを用意することも効果的です。また、お

しぼりなども意外と好評です。

　これらは、日常生活のなかで他の業界から学べることも多いため、「これいいな！」と思ったおもてなしは、ぜひ導入してみましょう。

④　モニターの設置

　営業プレゼンや受注後の業務に関する打合せは、紙やノートパソコンを使うのが一般的ですが、パソコン用のモニターを活用することで、より効果的な訴求を行うことが可能です。

　例えば、無料相談のその場で、一緒に画面を見ながら事業収支のシミュレーションや相続税の試算をわかりやすく見せたり、動画で事務所の紹介を行うことや、会計ソフトのデモンストレーションを行うことなども可能になります。できれば1台は用意しておきたいところです。

⑤　お客様の声や、従業員との写真を飾る

　お客様からいただいた声をまとめたものや、お客様との親交が深いことがイメージできる写真、また、従業員みんなと撮った写真などは、積極的に面談スペースや入口付近に飾っていきましょう。お客様や求職者は「この事務所で本当に大丈夫か？」ということを総合的に見ています。業務内容だけでなく、いわば「事務所の人柄」もアピールすることが、営業や採用選考での最後の一押しとなるケースは少なくありません。

⑥　執務スペースは、フリーデスクがおすすめ

　執務スペースについては、ノートパソコンを支給したうえで、フリーデスクにするのがおすすめです。個別にキャビネやデスクトップのパソコンを支給しないことで、1人当たりが使用する面積が小さくなり、事務所の面積効率がアップします。さらに、ペーパーレス化の促進に

もつながります。また、従業員同士や、所長と従業員との距離感が縮まるきっかけにもなります。

　事務所レイアウトを考える際は、その目的にまで着目し検討していただくと、よい事務所づくりにつながっていきます。

Ⅲ

開業プランと
開業初年度の現実

Ⅲ−1 開業初年度にかかる費用

☞Ⅵ❷（222ページ）

いざ、開業して事務所を開設するとなると、色々とお金が必要となってきます。

ここでは、開業にあたって、主にどのような費用がかかるかをご紹介します。

1. オフィス賃貸費用（入居時保証金・月額賃料）

経費のトップレベルを占める項目です。オフィスの使用目的を整理すると、大きく分けて、①作業スペース②面談スペースの2つが必要です。①については、資料保存に関して、クラウド上のサーバーを使用するなどの工夫をすれば、どこまでも狭めることが可能です。②に関しては、顧客満足度にかかわるため、一定の広さが必要です。これらをふまえると①、②合わせてどんなに小さくても6坪以上の広さは欲しいところです。そうするとエリアによっても異なりますが、都市部以外は5、6万円/月から、都市部では10万円以上はかかってくるでしょう。レンタルオフィスという選択もあります。建物の見栄え・立地が極端に良いなどのプラス材料が優れていれば話は別ですが、固定のオフィスがないことに不安を感じる顧客もいますので、そのようなデメリットがあることを理解したうえで選択しましょう。

2. 税理士会会費・研修費

税理士会の会費や、税理士としての専門性を一定以上保つための研修費は必ず発生してきます。すべて合計すると、毎月3万円以上は発生してくる費用です。忘れずに、押さえておきましょう。

3．税理士業務を行ううえで必要な設備費用

　業務を行ううえで必要な設備に係る費用です。ものによっては、購入にするか、リースにするかでも費用のかかり方は変わってきます。購入となると一度に数十万かかるものが、リース契約を活用すると、必要な設備一式が毎月数万円から可能な場合もありますので、資金繰りを考えながら比較検討しましょう。設備費用には、会計ソフトや、申告ソフト、その他業務ソフトも含まれます。全てを合計して、毎月５万円〜10万円は開業初年度でも発生してくると見込んでおきたい項目です。

4．広告費用

　万が一、紹介でお客様が増えなかったときのために、新顧客獲得の為に広告費の予算を確保しておきましょう。広告によって毎月１件〜２件の顧問先を増やしたい場合であれば、５〜10万円の広告費は少なくとも予定しておきましょう。開業当初こそ広告費の投資を行い、事務所ごとの新規獲得パターンを早い段階でつくりましょう。広告投資をするほどに、１件の新規獲得に必要な広告費用がわかってきます。それがわかれば、その後の新規獲得計画や採用計画が立てやすくなります。紹介だけで増やそうとせず、広告費用の予算を確保しておきましょう。

5．採用費用・人件費

　事務所が計画どおりに成長した場合、初年度から人材の雇用を考えている方は、採用費用・人件費を見込んでおきましょう。本書執筆時点では、過去まれにみる人手不足の時代です。正社員であれ、パート・アルバイトの採用であれ、ハローワークなど無料の求人媒体だけでは良い人材は獲得できません。そのため、人件費だけではなく、採用に

あたっての採用費も予算に組み込んでおきましょう。

▌6．その他備品関係費用

　最後に、面談時のおもてなしをする備品や、都度発生する筆記具の費用、また、その他予定外に発生する費用として、毎月数万円は見込んでおくと、なにか突然の出費が発生したときに安心です。あらかじめ見込んでおきましょう。

　売上は予定どおりには上がらないことも多いですが、経費は予定どおりに発生いたします。各項目、余分に見積もっておき、厳しく資金繰りを見積もることがおすすめです。

Ⅲ－2 開業時の自己資金

　開業1年目でかかる費用を参考に、開業初年度からスタートダッシュを決めるためには、どの程度の自己資金が必要になるのか、目安となる金額をお伝えさせていただきます。

【1年間で必要な費用の計算例】

使　途	金　額
オフィス賃貸費用	80,000円/月×12か月＝960,000円
オフィス入居時保証金	80,000円/月×6か月＝480,000円 ※賃料×6か月と仮定
税理士会会費・研修費	50,000円/月×12か月＝600,000円
税理士業務を行ううえで必要な設備費用	100,000円/月×12か月＝1,200,000円
広告費用	100,000円/月×12か月＝1,200,000円
採用費用	200,000円 ※パートの募集で求人媒体に一度広告を出すと仮定
人件費	100,000円×3か月＝300,000円 ※社会保険料などの諸経費込み
その他備品関係費用	100,000円×12か月＝1,200,000円
合　計	6,140,000円

　この費用をどのようにして賄うかを考えるとき、よくある間違いとしては、これから入ってくるであろう、売上をあてにしてしまうことです。

　しかし、売上は期待するように入ってくるとは限りません。最悪の場合1年経って、お客様が1件も増えない可能性もゼロではありません。

　また、税理士のビジネスの特性上、入金額で考えると売上よりも遅れて入ってくるものですので、2年目以降に回収で、1年目はすべて

投資するぐらいの感覚で自己資金を準備されていた方が、思い切って集客活動に投資ができます。

これを踏まえると、1年目に必要な費用と同額の資金を事前に準備しておけることがベストです。

その際、すべて自己資金で賄えれば一番よいですが、そこまで自己資金を用意できないという方もいらっしゃるでしょう。

そこでおすすめしたいのが、金融機関からの融資です。現在の金融機関からの借入実績を考えると、自己資金と同額程度の融資を受けられる可能性が高いといえます。

今回の経費の例でいえば、合計で614万円のお金が必要ですから、金融機関からの融資を300万円とし、自己資金を314万円と計画していただくと、実現可能性の高い計画になるのではないでしょうか？

また、今後、取り組む創業融資申請のサポートをするにあたって、実際にそのプロセスを体験しておくことは重要です。既に自身で借入を行った経験があれば、借入の手続についても実体験をもとに伝えることができますし、自身の融資を通じて金融機関との関係性ができていることで紹介をしやすくなる、といったメリットもあります。

上記のようなメリットを考えると、自己資金だけでも十分に開業資金は足りている、という場合であっても、融資を受けておくことをおすすめします。

ただし、借入はしても、借入金にはなるべく手を付けず、万が一の予備資金として確保しておくことで、資金繰りの不安から解放され、安心して経営に集中することができます。

Ⅲ－3 資金調達先の選択
☞Ⅵ❶（219ページ）、Ⅵ❹（230ページ）

　自身の融資を受けられる場合、どの金融機関に借入を申し込めばいいのかというのは、これから支援していく起業家と同じお悩みになると思います。

　現在、開業時の融資について最も貸出件数が多く、協力的な金融機関は、日本政策金融公庫となります。

　これは税理士の開業においても、一般事業の開業においても同様です。

　開業にあたっては、まず日本政策金融公庫からの融資を検討していただくことが最優先となります。

　もちろん、融資先は必ずしも日本政策金融公庫とする必要はありません。

　既に、地域の民間金融機関とパイプがある方は、民間金融機関で融資を受けていただいても構いません。

1．民間金融機関がよいか日本政策金融公庫がよいか

　民間金融機関による融資を受けるメリットとしては、民間金融機関との関係性構築ができると、その後、顧問先の融資の際に紹介ができたり、金融機関から融資先の顧問を依頼されたりする可能性もあります。

　ですが、民間金融機関の融資の場合、特に開業時においては通常、融資先が債務不履行に陥った場合に金融機関に信用保証協会が貸出額を補償してくれる「保証協会付融資」での融資となることがほとんどです。

　信用保証協会の保証を付けずに、直接金融機関との信用で融資を受ける「プロパー融資」という融資もありますが、信用がない開業時にプロパー融資を受けられることはまずありません。

　「保証協会付融資」は民間金融機関へ支払う金利と、信用保証協会

へ支払う金利が発生するため、金利が高くなりがちです。

　融資通過に向けた審査や金利の面を考えると、はじめに受ける融資先としては、やはり日本政策金融公庫がおすすめです。

2．創業融資を受けるうえでのポイント

　融資を受ける際には、融資申請書や事業計画書を作成しますが、そこでのポイントとしては「開業後に行う事業の経験・ノウハウがしっかり備わっていること」「開業に向けて自己資金をしっかり積み立ててきたこと」を証明できるかどうかが重要となります。ここは代表者の略歴書や事業内容書という形で作成します。

　それ以外にも開業エリアにいる競合の分析など、マーケットに対する正しい認識とそれに対する戦略という部分も立てられていると事業に対する信用度が高まります。

　また、それだけではなく、補足資料として開業後3か年の資金繰り表まで作成しておくことで、事業の見通しが立っていることが伝わります。

　これまでの事例をみると、自己資金の額は少なくとも必要融資額の半分を準備しておくと、希望融資額を獲得しやすい傾向にあります。

　自己資金の額に融資額は大きく左右されますので、開業を考えられている方は早めに準備しておくことをおすすめします。

3．創業融資時に用意しておくもの

　創業融資を受ける際に用意しておくものをまとめると、下記のよう

No.	申請資料
1	創業計画書（金融機関所定書式）
2	代表者略歴書
3	事業内容書
4	競合分析表
5	損益計画表
6	3か年資金繰り表

になります。

　以上を開業時の融資申請のセットとして作成するようにしましょう。

　売上を確実性の高い情報として見積もっておくことは大事ですが、同時に支出もしっかり見積もっていることも大事な要素です。

IV

マーケティング
プラン

Ⅳ-1 開業初年度のアクションプラン

アクションプランのポイント

1. KPI（主要業績評価指標）を設定しよう
2. 月ごとに注力するKPIを選定しよう
3. 2.で決めたKPIを達成するためのプランを考えよう

1. KPI（Key Performance Indicator: 主要業績評価指標）を設定しよう

　事業計画を立てる過程で、それぞれの商品・サービス（法人顧問、確定申告、相続税、その他サービスなど）ごとに目標獲得件数が具体的になっていきます。その獲得件数を実現するために、どのような行動をとればよいかを因数分解し、導き出された行動ごとに目標値を設定します。

例1）　ホームページを使い、法人顧問を獲得する場合の例

ホームページの訪問者数1,000人→10件電話問合せ→6件面談→顧問契約3件

問合せ率1%　　面談誘導率60%　　受注率50%

例2）　ダイレクトメールを使い、受注する場合の例

ダイレクトメール1,000枚配布→10件電話問合せ→6件面談→顧問契約3件

問合せ率1%　　面談誘導率60%　　受注率50%

2. 月ごとに注力するKPIを選定しよう

　一気にすべてのKPIを達成しようとせず、毎月1つずつ、KPIを達成していきましょう。

　開業してからしばらくは、みなさんは日常の実務もご自身でこなさなければなりません。そのような状況のなかで複数のKPIを同時に達

成しようとしても、なかなか達成できずに次に前進できない場合が多いのが実際です。

　KPIの優先順位は、川上（集客段階）に遡るほどに高くなっていきます。例えば、どんなに高い受注率があっても、問合せが少なければ、お客様は増えません。より川上から順に達成していくステップを設定し、それに合わせて、毎月ごとにどのKPI達成に注力するかを定めましょう。ほとんどの場合、まずは集客に関するKPIが重要になってきます。最初は、「ターゲットとしている見込み客から問合せを出すこと」の1点に集中して、動きましょう。

3．2.で決めたKPIを達成するためのプランを考えよう

　2.で決めたKPI項目について、項目ごとに、より詳細に行動を分け、どうすれば達成できるかを具体的にプランニングしていきましょう。

例)
「ダイレクトメール（DM）を出してみよう」
　　→　名簿は入手可能だろうか？　インターネットで調べてみよう
　　→　ダイレクトメールのデザインについてデザイン会社を探して見積もってみよう
　　→　ダイレクトメールの内容について、書き方の本を読んでみよう
「インターネットの広告を出してみよう」
　　→　インターネットの広告にはどんな種類があるか調べてみよう
　　→　ホームページの作成について、制作会社に話を聞いてみよう
　　→　競合の税理士事務所のホームページを閲覧してみよう

　詳細に行動を分けていくと、それぞれの行動を起こすハードルは意外と低いことに気付くはずです。できるところから1つずつ実施していってください。

商品編　👉Ⅵ❷（223ページ）、Ⅵ❸（227ページ）

Ⅳ-2 事業計画と連動した商品設計

事業計画と連動した商品設計のポイント

1. 目標とする事業計画から逆算で考える
2. 顧問料金の基準を明確化し、価格のブレをなくす
3. 顧客ニーズと付加価値を考え、単価アップの商品を用意する

　開業からの事業計画を実現させるためには、その計画達成と連動した商品設計をしておくことが必要です。ここでは商品設計の面からそのポイントをお伝えさせていただきます。

1．目標とする事業計画から逆算で考える

　目標達成を考えるうえで一番シンプルな組み立て方が、「客数×客単価」という形で目標達成に向けたプランを考えられることです。客数＝顧問先数を増やしていく方法を考えることも大切なのですが、それ以上に重要となるのが、いかに安定した客単価で受注できるかという点です。

　客単価はターゲットとなる顧客の客層に直結します。取ろうとしている戦略と想定しているターゲットに合わせて客単価が決まります。

　そのため、目標としている事業計画と経営戦略から逆算して、客単価・商品設計を考えていく必要があります。

2．顧問料金の基準を明確化し、価格のブレをなくす

　客単価は高ければ高いほどいいというものではありません。高くなればなるほど、顧客から求められるものは高くなる傾向にあり、属人的な業務になりがちです。

　規模は追わず、少数精鋭で税理士事務所を運営する場合などは高単

価を狙っていくのもよいですが、規模を拡大していこうと考えられている場合などは、属人的な業務は組織化に不向きではあります。そういった点も考慮して、顧問料金の基準を作っていく必要があります。

　また、毎回、相手の懐具合や前の税理士の顧問料金を基準に変えるような料金設定にしてしまうと、こちら側で業務のコントロールができなくなってしまいますので、取るべき戦略を決めたら価格のブレはできるだけ少なくなるようにして、料金基準を明確にしていきましょう。

3. 顧客ニーズと付加価値を考え、単価アップの商品を用意する

　客単価を安定させる料金基準を作成することをお伝えさせていただきましたが、それは顧問契約だけで完結させる必要はありません。むしろニーズでいえば顧問契約より高いサービスもあります。

　創業支援における例で考えれば、創業融資のサポートなどは、顧問契約とは別のサービスとして料金設定をしていくことも1つの方法です。

　それ以外にも、顧問契約とは別に記帳代行サービスの料金を設定したり、年末調整や確定申告などもオプションサービスとして設定したりすることもできます。

　創業支援においては、創業融資でお金の相談を受けたことをきっかけとして、顧問契約後にも資金繰りのサポートや追加の資金調達のサポートなどを行う、付加価値を高めたサポートを用意することもポイントとなっています。

商品編
Ⅳ-3 ターゲットのニーズを押さえる

ターゲットのニーズを押さえる

1. ターゲットのお困りごと（ニーズ）を洗い出してみる

2. ニーズを4分類する

3. 顕在化しており緊急度が高いニーズに対する商品をメインの入口商品にする

　お客様に選ばれる商品を設計するためには、こちらが売りたい商品を打ち出すのではなく、「お客様のお困りごとを解決する」という視点で臨むことが重要です。

1．ターゲットのお困りごとを洗い出してみる

　ターゲット（顧客）のお困りごとは、必ずしもこちらが売りたいサービスで解決できる悩みとは限りません。例えば、相続分野において、多くの会計事務所が売りたいサービスは事業承継、相続税申告です。ですが、相続に関するお悩みを抱えている人全員が相続税申告の悩みを抱えているわけではありません。相続手続、生前対策等、ターゲットのお困りごとは相続税申告以外にも多くあります。また、創業支援分野において、多くの会計事務所が売りたいサービスは顧問契約ですが、ターゲットとなる新設法人の多くが抱えているお困りごとは、会社設立手続や資金調達等です。このように、まずターゲットが抱えていると思われるお困りごとを洗い出してみることが必要です。

2. ニーズを４分類する

　洗い出したニーズのなかには、ターゲット自身がニーズとして感じているものもあれば、まだ必要性を認識していないものもあります。また、今すぐ必要と感じているものもあれば、まだ検討している場合もあります。マトリックスにまとめると、顕在化しているもの／潜在化しているもの、緊急性が高いもの／緊急性が低いものがあり、「ニーズが顕在化している×緊急性が高いニーズ」「ニーズが潜在化している×緊急性が高いニーズ」「ニーズが顕在化している×緊急性が低いニーズ」「ニーズが潜在化している×緊急性が低いニーズ」の４つに分類することができます。

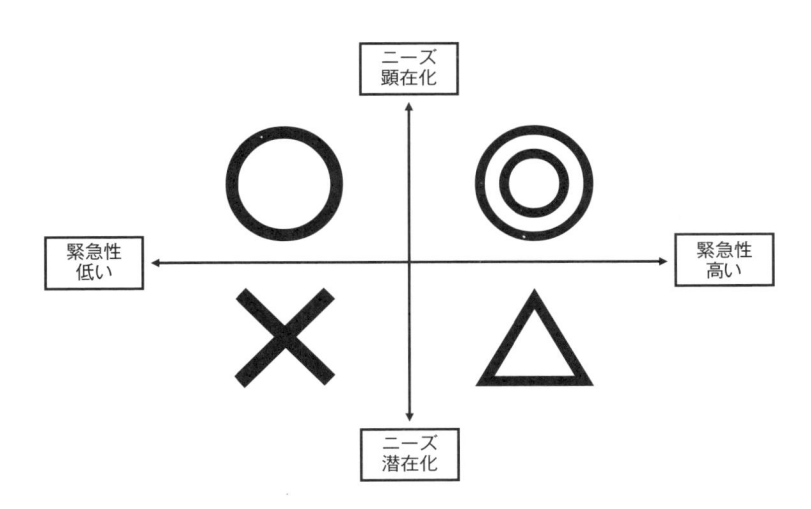

3. 顕在化しており緊急度が高いニーズに対する商品を メインの入口商品にする

　ニーズを４分類したなかで、「ニーズが顕在化している×緊急性が高いニーズ」が、お客様が今すぐ解決したいお困りごとです。つまり、お客様に選ばれやすい商品です。このお客様に選ばれやすい商品を入口商品とすることで、お客様に選ばれやすくなり、問合せを獲得することができます。

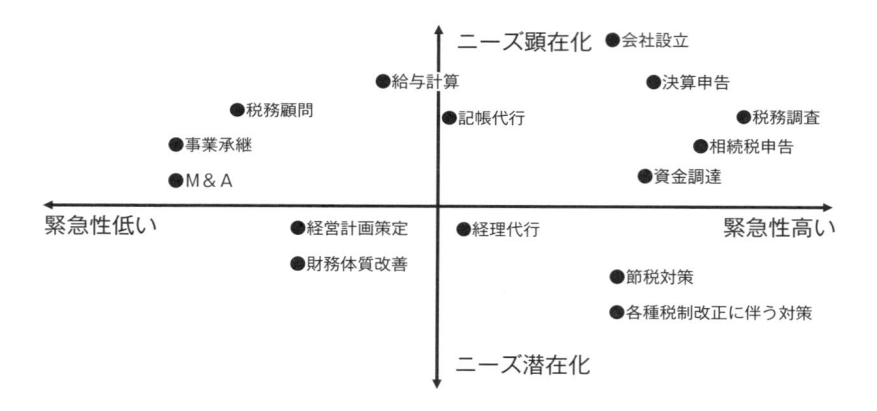

商品編
Ⅳ−4 入口商品と出口商品

入口商品と出口商品のポイント

1. 最初から出口商品の契約獲得を狙わない

2. 入口商品で集客を行う

3. 問合せ後の営業で出口商品へつなげる

1. 最初から出口商品の契約獲得を狙わない

　こちらが売りたいサービスは、B to B分野では顧問契約、B to C分野であれば相続税申告といった高単価商品ですが、最初から顧問契約を依頼したいと思っているお客様、相続税申告を依頼したいと思っているお客様は多くはありません。計画的かつ安定的に客数を増加するためには、ある程度の問合せボリュームが必要です。

　最初から出口商品の契約獲得を狙うのではなく、問合せまでのハードルが低い商品、低単価でもニーズの多い商品も、入口商品として揃えます。それらの入口商品で、充分な問合せボリュームの獲得を狙います。

2. 入口商品で集客を行う

　入口商品は、「顕在化している×緊急性が高いニーズ」に対応するサービスが適切です。そのニーズのボリュームが母数となり、そのなかから問合せが発生します。ですので、安定的かつ充分な件数の問合せ獲得のためには、**①充分なボリュームのあるニーズを見つける**、あるいは、**②複数のニーズをピックアップし、それぞれに対応する商品を複数用意する**ことが必要です。

　例えば、創業支援の場合、地域によって新設法人のニーズのボリュー

ムは異なります。大都市圏であれば新設法人数も多く、新設法人のなかでも一部が検討する「創業融資」だけでも充分なボリュームのニーズがあります。これに対して、地方都市の場合、「会社設立」「創業融資」「決算申告」等、複数のニーズに対応する商品を用意することで、充分な問合せを獲得することができます。また、さらに人口が少なく、ニーズのボリュームが少ないエリアにおいては、複数のテーマ、ターゲットに対して、入口商品を用意することが必要な場合もあります。

3．問合せ後の営業で出口商品へつなげる

　入口商品で問合せを獲得したら、面談という営業の場を持つことができます。この営業フェーズにおいて、出口商品への誘導を行います。創業支援の場合でも、「問合せ時のニーズは決算申告であったが、話をしてみると顧問税理士がおらず、月々の会計等に困っていたので、顧問契約につなげることができた」というケースもあります。

　入口商品Aの問合せだったから、入口商品Aについてのみ商談をする、というのは大きな機会損失です。入口商品Aの問合せであっても、出口商品への誘導を行うのが営業です。

　出口商品への誘導率を高めるためには、商品設計の段階で、出口商品に誘導しやすいような入口商品の設計をしておくこともポイントです。例えば、「顧問契約がセットなら○○円」というように入口商品の価格設定をしておけば、営業時の顧問契約誘導率を高めることができます。

　マーケティングの本来の目的は顧客数増加、売上アップです。そのための問合せボリューム獲得のために入口商品を用意することは必須です。とはいえ、顧客数増加と売上アップに効果が大きいのは、やはり出口商品ですので、「“出口商品”のことを意識した、“入口商品”の商品設計を行う」ということが重要です。

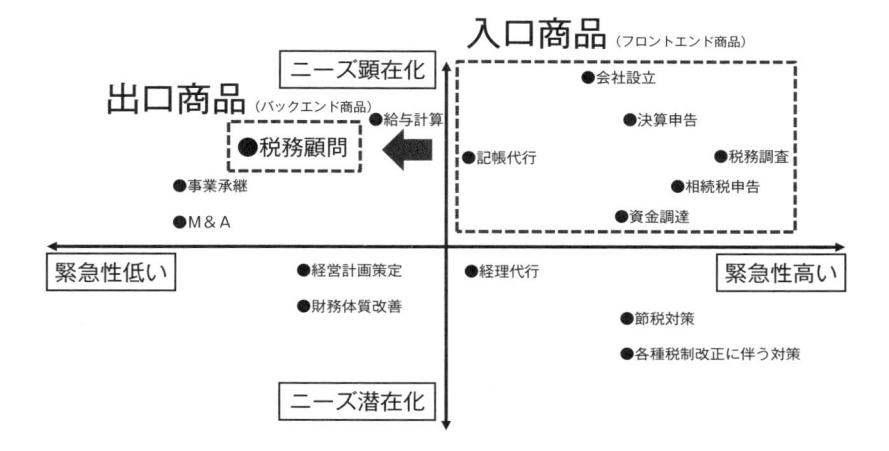

商品編
Ⅳ－5　顧問契約のLTV

顧問契約のLTV（ライフタイムバリュー）

1. 顧問契約のLTVを考える

2. LTVを考えたマーケティング

3. LTVによる顧客ランク

　1人の顧客との取引の開始から終了までに得られる収益を算出する考え方を、LTV（ライフタイムバリュー＝顧客生涯価値）と呼びます。税理士業界においてもLTVの考え方は重要で、いかに1社の企業との付き合いを長くしていくかという考え方についてお伝えさせていただきます。

1．顧問契約のLTVを考える

　顧問契約の平均継続年数は、5年〜7年といわれています。創業支援を中心とした若い企業の場合、事業計画が甘く3年程度で廃業となってしまうこともあるため、創業支援での場合の継続年数は平均よりは短く、5年程度で考えておくとよいでしょう。

　税理士の顧問契約の場合、LTVは、

LTV＝平均顧客単価×平均継続期間

という計算式で算出します。

　創業支援の顧問契約の場合、一般的には、平均顧客単価が年間40万円、平均顧客期間が5年とされていますので、平均では1社200万円の収益をもたらすと考えることができます。

　しかし、前述のとおり創業時に十分な資金の余裕がなく始めてしまった場合や、事業の見通しが甘い場合などは、5年以下で廃業・倒産となってしまうこともあります。

　もちろん、税理士のサポートが及ばない場合もありますが、創業時に十分な資金を確保しておくことを進めたり、資金繰り管理をサポートし、資金繰りが悪化する前に対策を提案したりすることで、平均継続期間を長くすることも可能です。

　創業時の資金調達やその後の資金繰りサポートは、商品の単価アップだけでなく、LTVの向上という点でも価値のある商品であることがわかります。

■ 2．LTVを考慮したマーケティング

　LTVで考えた場合、1社当たりの獲得に掛けるコストや維持に掛けるコストにも応用して考えることができます。

　新規のお客様を取ることで売上は伸びますが、既存の顧問先を維持することでも売上が上がるという考え方ができます。一般的には新規の顧問先を獲得することの方が、コストはかかります。税理士紹介会社などを使うと、年間顧問料の60%ということもありますので、年間40万円の顧問先で24万円です。

　それに対し、税理士の顧問契約の特性上、顧客の維持にかかるコストというのは直接的にはそれほどかからないことが多く、手間がかかったなという顧問先であっても、新規を1社取ることよりもコストがかからないということがほとんどですので、平均契約期間を長く保つことにコストをかけた方が良いということも考えられるのです。

■ 3．LTVによる顧客ランク

　顧問先が増えてくると、顧問先の財務状況やビジネスによって平均顧客期間に変動があることをわかってきます。やはり資金繰りが厳しい、余裕がない企業ほど解約率も高く、平均顧客期間が短い傾向にあります。

　その顧問先と、比較的事業が安定し倒産リスクの低い顧問先を同列

に置いてLTVを考えてしまうと、前述の顧客維持にかかるコストや手間の掛け方を誤ってしまうことがあります。

そのため、顧客の財務状況などに応じて平均顧客期間を算出しておき、常にその顧問先のLTVを把握しておくということが大切になってきます。

顧問料の単価という基準でも考えることもできますが、LTVの額によって顧客ランクを見ておくことで、どこまで手をかけてよいか？という1つの基準をつくることができます。

もちろん、それだけで判断することが常にベストではありませんが、1つの判断基準として顧問先のLTVを考えるという視点は重要です。

商品編
Ⅳ−6 商品づくりのための競合調査

商品づくりのための競合調査のポイント

1. 地域の競合を洗い出す

2. 商品の価格、サービス内容を調べる

3. 地域最安値を設定し、サービス内容も漏れなく揃える

　これから獲得しようとしているお客様の多くは、税理士事務所の提供するサービス内容に詳しくはありません。

　特に創業を考えているお客様の場合、税理士のサービスの質やコストパフォーマンスについて、的確に比較検討できる方は多くはありません。

　したがって、地域の競合となる事務所が提供するサービスは何があるか、どのような内容なのか、いくらなのか（価格）、ということを事前に調査し、競合の商品調査をしたうえで、自社の商品設計をすることが、「差別できる商品」をつくることにつながります。

1．地域の競合を洗い出す

　多くの場合、ターゲットとなるのは事務所所在のエリアに住んでいる人や法人なので、まずは地元地域で競合となりうる事務所を洗い出すことが必要となります。ここではWEBを利用した競合の洗い出しの方法をお伝えします。

　WEBを利用して競合の洗い出しをする場合、自然検索で「エリア×商品」上位に上がってくる事務所をピックアップします。SEO対策を行っていないサイトは、なかなか上位に上がってこないため、「SEOで上位に上がってくる＝WEBマーケティングに力を入れている可能性がある」とみなすことができます。したがって、SEO順位が上位の

サイトを持っている事務所は、マーケティングにおける競合といえます。

　競合調査はWEBを利用した方法だけでなく、地域の情報誌、商工会議所等の会員組織で配布されている冊子の広告や折込チラシを確認するといったことも行えます。いずれの方法においてもポイントとなる視点は３つです。

　①そのエリアにおいて、自社と同様の商品を取り扱っているか

　②マーケティングに力を入れているか

　③どのような特徴で商品の打ち出しをしているか

２．商品の価格、サービス内容を調べる

　競合となる事務所を洗い出したら、それぞれの事務所が提供している商品について調べます。なお、料金を明示していない事務所は、マーケティングに力を入れているとはいえないので、削除してしまってよいでしょう。

　実際に調べてみると○○○○円〜と記載している事務所が多いです。ですが、お客様が目を留めるのは最下限料金なので、競合価格の調査では最下限料金を調べることがポイントです。調査内容は次頁のような一覧表にまとめると、そのエリアにおける競合の商品価格、サービス内容について比較してみることができます。

　また、調査する際にはアクセスや営業時間等も一緒に調べると、立地選定や営業時間決定の参考にすることができます。

1. 競合概要

主要取扱い商品の最下限価格一覧

No.	事務所名 （社名）	株式会社 設立	合同会社 設立	決算・ 法人税申告	創業融資	顧問契約 （法人）
1	**事務所 A**	40,000円	25,000円	－	－	9,600円／月
2	**事務所 B**	110,000円	78,000円	150,000円	－	－
3	**事務所 C**	－	－	－	5%	－
4	**事務所 D**	20,000円	20,000円	－	－	－
5	**事務所 E**	40,000円	25,000円	49,800円	3%	9,800円／月
6	**事務所 F**	－	－	－	10万円+3%	－
7	**事務所 G**	60,000円	30,000円	－	3%	16,200円／月
8	**事務所 H**	－	－	59,800円	－	－
9	**事務所 I**	45,000円	－	－	－	－
10	**事務所 K**	－	－	30,000円	－	－

　競合調査を行ったら、自社商品と競合が扱っている商品を確認し、入口商品はどんな商品にしているか？　価格はどの程度で掲載しているか？　出口となる商品は何か？　といった点を比較します。

　品揃えや入口の商品が同じである場合は、価格による比較が起きやすいため、自社のサービスの魅力や強みについて、競合となる事務所と比較して明確に勝てている点があるか？　というところを確認していきます。

　明らかに競合となる事務所の方が強いと思われるときは、入口となる商品を変えたり、打ち出す強みを変更したりすることも考えて、商品を設計していくことが必要となります。

商品編
Ⅳ-7 開業税理士の料金表例

開業税理士の料金表作成のポイント

1. 入口商品となる顧問契約の料金を設定する

2. 落としどころとなる料金が真ん中にくるように設計する

3. 別料金設定を明確にし、顧問契約の範囲を明確にする

　ここまで商品設計のポイントをお伝えしてきましたが、ここで実際に開業されている税理士の方が使っている料金表をお見せしたいと思います。

【顧問契約料金表】

コース名		ブロンズ	シルバー	ゴールド
顧問料／決算料		月額 10,000 円 決算料 100,000 円	月額 25,000 円 決算料 100,000 円	月額 35,000 円 決算料 100,000 円
面談回数		年1回	年6回	年12回（毎月）
税務会計相談		決算時のみ	月30分程度 （TV会議・電話等）	相談自由（無制限）
経営相談		オプション	簡易相談	簡易相談
経営サポート	事務所通信送付	○	○	○
	契約書雛形提供	－	○	○
	税務情報	－	○	○
	給与計算ソフト	－	○	○
記帳代行		10,000円～ （仕訳数に応じ）	10,000円～ （仕訳数に応じ）	10,000円～ （仕訳数に応じ）
消費税申告		50,000円	50,000円	50,000円

　この料金表をもとにポイントをお伝えしていきます。

1．入口商品となる顧問契約の料金を設定する

　顧問契約の料金はかかる工数に分けて段階を設定しています。こちらの料金表の場合は、年間の訪問回数や提供する経営サポートの内容に応じて変動するようになっており、基本的には来所型での顧問サービスの提供を想定しています。

　また、新規集客用の入口商品として、月額1万円の顧問サービスを用意しています。この商品は、お客様とお付き合いするきっかけとなる商品として用意し、あくまでも中心となる上位のサービス（シルバー以上）を申し込んでいただけるような提案をし、その価値を理解してもらい、上位のサービスの受注を目指しましょう。

2．落としどころとなる料金が真ん中に来るように設計する

　この料金の場合は3段階の設定…いわゆる松竹梅の料金設定をしています。このなかで最も販売したい商品はシルバーのコースとなります。日本人の特性として、真ん中のサービスを選びやすいということがあり、それを選んでもらいやすくするために、3段階の料金設定としているのです。

　また、その真ん中の商品の価格は、事業計画上でも平均単価の想定となる金額としておくことがポイントとなります。

3．別料金設定を明確にし、顧問契約の範囲を明確にする

　料金の段階を分けると同時に行う必要があるのが、どこまでが顧問契約の範囲になっているかを明確にすることです。

　この料金表では、記帳代行や消費税申告は別料金設定としています。必要な人には買っていただく商品としていますが、これにより単価が上がる基準を明確にすることができます。

　また、顧問契約に含まれる範囲も明確になるので、当初の契約外の

ことを依頼された場合に単価アップの提案がしやすくなるという特徴があります。

　別料金設定をするうえでは、特に工数が別にかかる場合に価格が上がるようにしておくことも重要で、記帳代行などは入力数に応じて金額が上がるような設定にしておくことで、生産性の面でも工数に合わせた金額設定をすることができるようになります。

商品編
Ⅳ－8 固定客化のための施策

固定客化のためのポイント

**1. 倒産・廃業による解約を防ぐための対策やサービスが
重要になる**

**2. 他社への切り替えを防ぐために、顧問先のニーズに
目を向ける**

　前述のLTVを高めるためにも、平均顧客期間を延ばす固定客化の
ための取り組みはとても重要な施策の1つです。

　これは、言い換えると「解約防止のための取組み」です。

　ここでは一度獲得したお客様の解約防止のためにできることをご紹
介します。

1. 倒産・廃業件数を下げるための取組み

　顧問先が倒産・廃業となってしまうと、顧問契約の継続は当然不可
能となってしまいます。この件数を下げていくことは、平均顧客期間
を延ばすだけでなく、固定客化にもつながります。

　このためにできることとしては、①そもそもの事業の継続性を見極
める、②資金ショートを防ぐために、資金繰りのフォローを行う、③
融資のサポートに力を入れ、事業の安定性を高めるためのサポートを
行う といったことが挙げられます。

　事業の継続性を見極めるためには、顧問先の経営計画や数値計画を
作成し、どのタイミングで資金が不足するか、そもそも事業としての
見通しがどの程度立つのかなどを、できるだけ早いタイミングで把握
しておくことが重要です。そして、これは顧問先への意識付けとして
も大切な要素でもあります。

　資金繰りのフォローもそういったなかで行っていくことをおすすめします。計画の期中での進捗率の把握やキャッシュフローをみておくことで、顧問先の状態にいち早く気付くことができます。そして、状況が悪化してしまう前に融資のサポートなどを行うことで、経営の安定化を図ることができます。結果的に早期の倒産・廃業を防ぎ、解約となることを防止することができるようになります。

2.　他社への切り替え防止のための取組み

　倒産・廃業以外の解約時に最も多いのが、他社への切り替えです。
　切り替えが発生する要因をみてみると、要するに顧問先のニーズに応えられていないという状況がみえてきます。
　具体的には、「記帳代行をやってほしいと考えている顧問先に対して、それを受けることができない」「助成金や補助金などの最新情報を伝えることができず、情報の収集と伝達に長けた他事務所に流れてしまった」「顧問先とのコミュニケーションが取れていなかった」などといったことが挙げられます。これらすべてに対応していくことには実務的に難しい面もありますが、各分野を得意としている方々と連携しておくことで対応できる場合もあります。
　顧問先企業のニーズに常に目を向けておくために、日ごろからコミュニケーションを取ることはもちろんのこと、決算時などにお客様からアンケート等で情報を取得して、潜在的な要望をいち早く把握する仕組みを持っておくことが重要になります。

集客編
Ⅳ−9 集客の考え方

☞Ⅵ❷（223ページ）

集客の考え方のポイント

1. 即時業績アップに向けて、ホームページ活用から強化すべき

2. 複数のチャネルを持つ

3. 継続的にPDCAサイクルを回し、費用対効果のアップを図る

1. 即時業績アップに向けて、ホームページ活用から強化すべき

　開業時、多くの事務所は顧問先がない、あるいは少ない状態です。可能な限り早く顧問先を増やし、売上のベースを作ることが必要です。

　ホームページ活用の場合、自然検索ですぐには上位にあがってきていないとしても、広告をかけることで、比較的すぐに問合せを獲得することができます。また、ホームページは、5万円〜10万円の広告費で顧問先1件を獲得することができるという見込みも立てやすい媒体です。セミナーやチャネル開拓は、実施してから成果につながるまでに時間がかかります。まずはホームページ活用から強化することで、早期に売上のベースをつくり、経営を安定させることを目指しましょう。

2. 複数のチャネルを持つ

　まずはホームページ活用から強化しますが、さらなる問合せ増加・安定のためには複数チャネルを持つことが必要です。

　チャネルが増えれば問合せ数が増加する、というのはイメージしやすいと思います。現在、ホームページが最も費用対効果がよく、即効性が高いとしても、2年後も3年後も状況が変わらないとは限りません。事実、インターネット上の競合というのは、地域によっては月単

位で増加しています。いずれ費用対効果が悪化したときのことも考え、複数のチャネルを用意することが重要です。

3. 継続的にPDCAサイクルを回し、費用対効果のアップを図る

　ホームページ、紙媒体、その他媒体、いずれも継続的にPDCAサイクルを回すことが重要です。まず仮説・計画を立て、実行します。ここまでは多くの人が取り組みますが、実際に問合せが来ると、忙しさに追われて、費用対効果の分析がなおざりになりがちです。媒体別、エリア別、時期別の効果を分析し、次に実施する際には改善を加えることで費用対効果がアップします。

　逆に、PDCAサイクルを放棄してしまうと、外部の環境としては競合が増え続けるため、費用対効果は落ちる一方だと思って間違いないでしょう。

集客編
Ⅳ－10 販促費用の考え方

☞Ⅵ❷（224ページ）

販促費用の考え方のポイント

1. 税理士業界はストック型ビジネスのため、販促費回収の目途が立ちやすい

2. 紹介会社を利用した場合の販促費比率と比較する

3. 1件当たり受注単価という視点を持つ

1. 会計業界はストック型ビジネスのため、販促費回収の目途が立ちやすい

　税務顧問を主力商品とする会計業界は、顧客との関係、顧客からの顧問収入が継続するストック型ビジネスです。そのため、仮に年間報酬30万円の顧問契約を販促費30万円をかけて獲得したとしても、1年間で回収することができ、翌年からは単純に売上にプラスされるようになります。そのため、フロー型ビジネスモデルと比較すると、販促費をかけても回収の目途が立ちやすいビジネスモデルです。

　税理士業界は、平成13年の税理士法改正以前は広告規制もあり、広告宣伝をすること、販促費をかけることに抵抗がある人も多い業界ではあります。しかし、昨今の業界では顧客獲得競争も激しくなっており、顧客獲得のためには販促費用をかけることが必須です。幸い税理士業界のビジネスモデルは、販促費回収の目途が立ちやすいビジネスモデルなので、まずは「顧客獲得、売上アップのために販促費用をかける」ということを決めることが重要です。

2. 紹介会社を利用した場合の販促費比率と比較する

　税理士業界は投資回収がしやすいビジネスモデルではありますが、限りある資金を有効活用するためには、きちんとPDCAサイクルを回

すことが重要です。PDCAサイクルを回す際の指標の１つが販促費比率です。販促費比率は、「広告宣伝費÷売上高×100」で算出します。

　この販促費比率は何％が妥当なのかを考える際に、まず参考とするのが税理士紹介会社の紹介手数料（％）です。紹介手数料は会社によって異なりますが、年間報酬の40 〜 80％程度です。税理士紹介会社は成功報酬の場合が多く、リスクはありません。紹介会社利用以外の広告等に販促費をかける場合、紹介会社を利用する場合よりも費用対効果が高くなければ、「販促費を回収できない可能性」というリスクを負いながら販促費をかける意味がなくなってしまいます。ですので、紹介会社手数料の下限料金（％）を、販促費比率の上限と考えるとよいでしょう。つまり、販促費比率の上限は40％程度となります。

3．1件当たり受注単価という視点を持つ

　１件顧問獲得あたりの販促費率としては40％が上限と考えられ、売上に対する予算設定としては、40％程度を販促費用の上限として設定することができます。

　全体としての考え方としてはそのように考えていただきたいのですが、日々発生する営業・受注機会のなかで、より短期的な視点で費用対効果を図る場合は、「１件当たり受注単価（CPO＝Cost Per Order）」という指標を持っておくことが重要となります。

　この指標は、受注件数/総販促費の計算で算出することが可能です。

　WEBマーケティングを中心として、新規顧問先開拓をされる場合は、CPOは５万円〜 10万円以内に収まっていると非常に効率的に獲得できているといえます。

　また、CPOが20万円を超える金額となっている場合は、顧問先獲得コストとしては高めであるといえます。

　この１件当たり受注コストを抑えておくことで、販促の費用対効果の判断が付きやすくなります。

WEB編　☞Ⅵ❶（220ページ）
Ⅳ−11 WEBマーケティングの考え方

WEBマーケティングの考え方のポイント

1. WEBマーケティングの重要性
2. WEBマーケティングで売上につながるまでの流れ
3. WEBマーケティング成功の方程式

1. WEBマーケティングの重要性

　開業直後にもかかわらず急激な伸び率で業績を上げている事務所は、新規受任経路の多くはWEBマーケティングによるもの、というケースがほとんどです。

　WEBマーケティングとは、単純にホームページを作成すればよいということではありません。実際に、数百万円を投資して見た目の良いホームページをつくってもらったものの、問合せがさっぱり来ない、売上に全くつながっていない、という話も珍しくありません。

　WEBマーケティングにおいて重要なのは、ホームページの見た目のきれいさではなく、いかにしてマーケティングの媒体として機能させるかです。

　そしてその活用の仕方によって、売上の明暗が大きくわかれることも事実です。

　ここでは、新規受任につながるホームページの作り方、WEBマーケティングの基礎知識と運用のポイントについてお伝えします。

2. WEBマーケティングで売上につながるまでの流れ

　本書をご覧の皆様もインターネットは当たり前に使っていて、ご自身でもインターネットを通じて何かを購入したことや、サービスを利

用された経験がおありかと思います。しかし、税理士の業界において
それがどのように活用されているかとなると少しイメージが付きにく
いかと思います。

　ですが、税理士業界独自のインターネットの活用のされ方というの
はなく、ほかの業界と同様に、以下のような流れでインターネットか
らの受注が生まれています。

① 税理士事務所をインターネット上で探しているユーザーが、
　　Yahoo!やGoogleなどの検索エンジンで、利用を考えているサー
　　ビスや悩みを検索する。（創業融資、資金調達、会社設立、法
　　人設立の方法など）

② 検索結果に表示される内容を参考に、最も自分のニーズを満た
　　してくれる、または調べている内容に近いであろうサイトをク
　　リックする。
　　（このとき、検索結果の１ページ目、かつその上位の方に掲載
　　されていることで見られる回数も増え、必然的に訪問者数が増
　　加します）

③ いくつかのホームページを見比べて、商品比較や料金比較、事
　　務所の信用性を比較し、実施に相談・依頼する事務所を検討す
　　る。

④ 電話やメールを使って問合せをし、自分の課題・ニーズを解決
　　してくれそうであれば、直接相談に事務所に出向く。

⑤ 実際に事務所で相談をし、納得して任せられるようであれば契
　　約を交わす。

　上記の流れに沿って、WEBマーケティングのプロセスと歩留りを
図式化すると、次頁のように考えることができます。

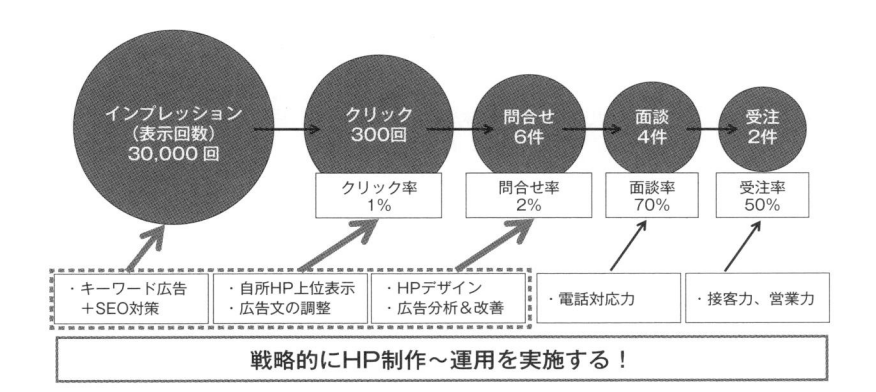

WEBマーケティングの流れを大きく３つに分けたとき、①〜②ではホームページを見てもらうまでの集客力の課題、③では実際にホームページを見てから反響を取るための反響率の課題、④〜⑤では問合せが発生してから受注に至るまでの接客・営業力の課題が生じます。

特にWEBマーケティングに大きくかかわるのが、①〜②の集客力と③の反響率の部分です。

3．WEBマーケティング成功の方程式

ホームページから問合せを獲得するための方程式としては、「アクセス獲得力（集客数）」×「ホームページの反響率」となります。

ホームページ力 （反響率）		アクセス獲得力 （アクセス＝訪問数）
・導線（レイアウト） ・コンテンツ ・差別化		・SEO 対策 ・リスティング広告 ・ディスプレイ広告　など

この方程式のポイントは掛け算になっている点で、先述のWEBマーケティングのプロセスからもわかるように、どんなに反響率の高いホームページであっても、結局のところアクセス獲得力がなければ反

響につながりません。

　逆に、どんなに「アクセス獲得力」が高く、ホームページのアクセス数が増えたとしても、「ホームページへの反響率」が低ければ、問合せ以降へはつながりません。

　それでも、WEBマーケティングにおいて最も大切なのはこの２点であることに変わりはありません。いかにアクセス数を集めるか？そして、いかに集めたお客様からの反響を得られるか？　ということに尽きるといっても過言ではないのです。

WEB編
Ⅳ-12 ホームページのつくり方

ホームページのつくり方のポイント

1. TOPページで伝えるべき8つのポイントを押さえる

2. ユーザーの目線に合わせて伝えるべきことを配置する

3. 問合せにつながるコンテンツを用意する

　反響率を高く保つホームページとは、実際にどのようなホームページでしょうか？

　ここでは、実際に高い反響率を保っている創業支援ホームページの内容について、実際の事例を基にお伝えさせていただきます。

1. TOPページで伝えるべき8つのポイントを押さえる

　ホームページにおいて最もアクセスを多く獲得し、反響率に影響するのは、TOPページです。特に、ホームページを開いた瞬間に見るTOPページの「ファーストビュー」（スクロールせずに表示される範囲）で表示される内容は特に重要です。

　これまで船井総合研究所がサポートしてきたなかでルール化した「TOPページに必ず掲載する8つのポイント」を以下にご紹介します。

1. ホームページのタイトル部分には「エリア＋サービス」を必ず入れる
2. 電話番号（フリーダイヤル）を明記する
3. 運営者の顔を出す
4. 事務所の強みを掲載する
5. 一番商品を訴求する
6. 事務所の実績を掲載する

7．季節商品を掲載する

8．豊富な品揃えを強調する

具体的なホームページのイメージは下記のとおりになります。

2．ユーザーの目線に合わせて伝えるべきことを配置する

　ユーザーがホームページを見るとき、ユーザーの目線はＺ型に動くといわれています。このＺ型の目線に合わせて、伝えるべきことを下記のように配置していくことで、ユーザーにとって必要な情報が伝わりやすくなり、反響にもつながりやすくなります。

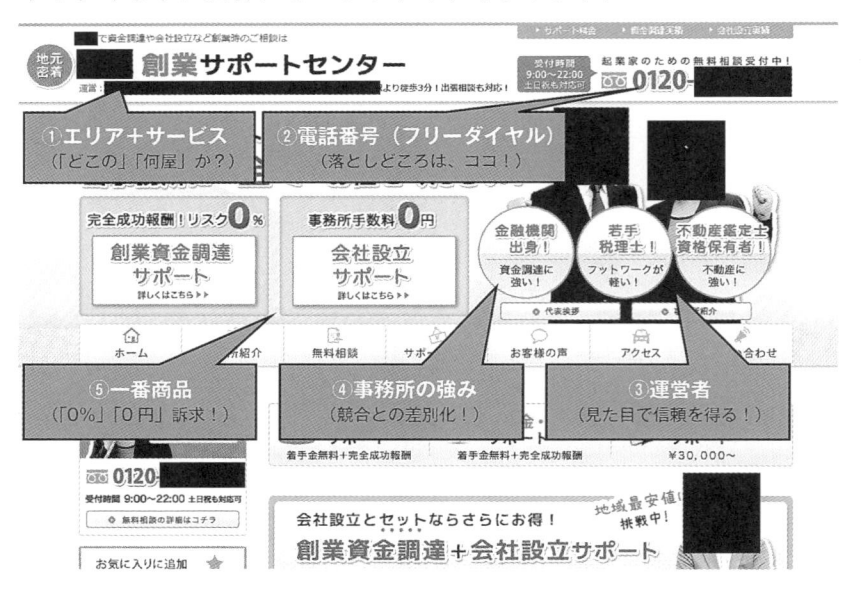

3. 問合せにつながるコンテンツを用意する

　ホームページはTOPページだけでなく、TOPページを見た後にど

のようなページを見てもらうかも重要な要素となります。

　特に問合せにつながるコンテンツとして欠かせないページとして、価格表、サービス内容の詳細が記載されたページ、お客様の声やサービス提供事例などこれまでの実績がわかるページ、スタッフ紹介・代表挨拶ページ（写真つき）、競合事務所と比較して強みのわかるページなどを用意しておくことで、問合せ獲得が可能なホームページとなります。

WEB編
Ⅳ-13 スマートフォン対応の重要性

スマートフォン対応の重要性

1. スマートフォンアクセスが急激に増加している
2. スマートフォン対応していないホームページは集客力も落ちる
3. レスポンシブ対応のホームページによりシームレスに対応できる

　WEBマーケティングにおいては、反響率を高く保つホームページが大事であることをお伝えしましたが、インターネットにアクセスする環境がパソコンからスマートフォンに急激に移行しており、ホームページの内容についても、スマートフォンのことを抜きでは考えられなくなってきています。

　ここでは急激に重要度を増してきているスマートフォン対応のポイントについて解説します。

1. スマートフォンアクセスが急激に増加している

　ここ数年で急激にスマートフォンユーザーからのアクセスが急増しており、税理士業界のホームページにおいても、スマートフォンアクセスがパソコンからのアクセスを上回ってきています。現状では、6割程度がスマートフォンアクセス、という事務所が多くなってきていますが、この傾向はますます加速し、さらに増加していくと考えられます。

　スマートフォン対応していないホームページというのをご覧になったことはあると思いますが、文字が小さく見難くなってしまうことが多いです。やはりスマートフォンで見る場合はスマートフォン対応し

ているホームページの方が見やすいのが実情です。

　更に今はスマートフォンから見る人も増えている状況ですので、見難いままにしておくというのはみすみすチャンスを逃しているようなものですので、これからのWEBマーケティングを考えるうえではスマートフォン対応は必須といえます。

2. スマートフォン対応していないホームページは集客力も落ちる

　2015年にGoogleが正式に発表した評価基準に、「モバイルフレンドリー」という要素があります。これは、ホームページがスマートフォン対応をしているかどうか？　という基準になるのですが、この対応ができていないホームページはGoogleの検索エンジン評価を下げると明言されています。

　Googleからの評価が下がれば、検索結果に上位表示されにくくなるため、必然的に集客力の低下につながります。

　また、Googleの検索エンジンとYahoo!の検索エンジンは同一のロジックを用いているため、Yahoo!における検索でも同様に集客力が低下してしまうのです。

　そのため、ホームページの集客力を考えるうえでもスマートフォン対応が外せなくなってきています。

3. レスポンシブ対応のホームページによりシームレスに対応できる

　スマートフォン対応をするなかで、方法としては2つの方法があります。1つはスマートフォン用のホームページを別に作り、運用する方法と、レスポンシブデザインといわれるデザインを使い、パソコンとスマートフォンホームページを同じホームページで運用する方法です。

　スマートフォン対応のホームページをつくると、ホームページの内容を更新する場合に、パソコンとスマートフォンそれぞれ別々に作業

をする必要があります。これは手間の面でもコストの面でも大きなデメリットです。

　そこで最近よくつかわれるようになっているのが、レスポンシブデザインのホームページです。

　これは、ホームページを見ている環境に合わせてレイアウトが自動的に調整され、パソコン、スマートフォン、タブレットそれぞれ最適なサイズで表示されるようになる機能です。

　このデザインにすることにより、編集・更新の手間やコストが削減できるだけでなく、スマートフォンによって微妙に異なる画面サイズにも上手に対応するホームページとすることができるため、これからホームページを作る場合にはおすすめしたい機能です。

WEB編
Ⅳ-14 ホームページへの集客方法

ホームページへの集客方法のポイント

1. 顧客ニーズを軸とした集客手法の検討

2. 媒体の特徴を押さえた活用方法の検討

3. ユーザーのニーズに合わせたWEB集客手法

　ホームページへの集客方法を考えるうえで重要なポイントとなるのは、単純にホームページのアクセス数を増やせばいいということではなく、依頼いただける可能性のある見込み客のアクセスをいかに効率よく獲得できるかです。

　特に、訪問する側のニーズを軸にホームページへの集客手法を考えます。

1. 顧客ニーズを軸とした集客手法の検討

　WEBマーケティングにおける集客手法としては、主に「SEO（自然検索）」「リスティング広告」「ディスプレイ広告」の3つのパターンに分類することができます。

　SEO（自然検索）は最上部の広告の下に表示される検索結果です。

　一方、リスティング広告とは、検索エンジンで検索した際にページ最上部・最下部に1～4つ表示される「広告」と書かれている部分を指します。

　SEO（自然検索）は広告ではないため、クリックされても費用は掛かりませんが、リスティング広告はその名のとおり広告ですので、クリックされた場合に費用が発生します。

　この2つは、検索エンジンで具体的なキーワードを入力したときの検索結果に上位表示させアクセスを獲得する手法です。

　それに対して、ディスプレイ広告とは、検索結果に表示させるのではなく、ブログやブログ型ホームページ、動画サイトなどで幅広いユーザーへの認知やリマインドによりアクセスを獲得する手法です。

SEO（自然検索）とリスティング広告の表示イメージ

ディスプレイ広告の表示イメージ

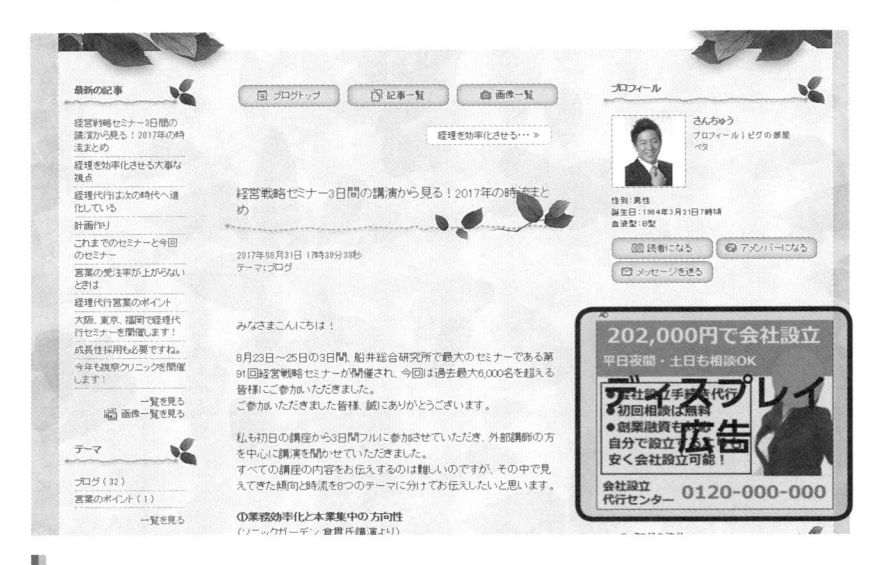

2．媒体の特徴を押さえた活用方法の検討

　それぞれの詳しい解説については後述いたしますが、どこを強化するか？　ということについては、どういう質のユーザーを獲得したいかによって使い分けることが必要です。

　SEOやリスティング広告は、検索エンジンに具体的なキーワードを入力している時点で依頼確度、ニーズが高くなっている可能性が高く、そこで獲得できたユーザーは、問合せ・依頼を獲得できる可能性が高くなります。

　それに対しディスプレイ広告は、ユーザーの閲覧履歴や検索履歴をもとに広告をかけていくため、具体的な依頼や相談はまだ考えていないものの、今後依頼する可能性のある方へのアプローチとしては最適な媒体となっており、見込み客の獲得に効果を発揮する媒体です。

　それぞれの媒体の特徴を押さえて集客手法を検討する必要があります。表示回数を増やすための施策、クリック数を増やすための施策、問合せ率を上げるための施策のそれぞれでの取組みを考えたとき、そのやりやすさによって媒体の特徴が分かれるため、以下に整理させて

いただきます。

	表示回数を増やす ための施策	クリック数を増やす ための施策	問合せ率を 上げるための施策
リスティング 広告	短期的に増やす ことができる	コストはかかるが 増やすことができる	問合せ率が 上げやすい
SEO対策	効果が出るまでに 期間がかかる	コストはかからない があまり増えない	問合せ率は 上がりやすい
ディスプレイ 広告	短期的に大きく増やす ことができる	コストはかからないが、 大きく増やすことができる	問合せ率は 上がりにくい

　リスティング広告は短期的に表示回数を増やし、コストはかかるものの、クリック数を増やすことができます。かつ、キーワードの設定の仕方により問合せ率を上げやすい媒体です。

　SEO対策は、表示回数やクリック数を増やすためには時間がかかることが多いため、短期的にそれらの数字を改善させられることは少ないといえます。しかし、狙ったキーワードでの上位表示ができれば、問合せはもらいやすい媒体です。

　ディスプレイ広告は、リスティングと比較しても大きく表示回数を増やすことができ、クリック数もそれにしたがって増えていっています。しかしながら、潜在的なニーズを持つユーザーを集めることとなるため、コストはかかりにくいものの、問合せにつながりやすいクリック数の獲得割合は低くなります。

3.　ユーザーのニーズに合わせたWEB集客手法

　短期間での売上アップを目的とする場合のWEBマーケティングにおいては、問合せ意欲が高くニーズが顕在化している「今すぐ客」をメインターゲットとして、そうしたユーザーからのアクセスを獲得することが最優先となります。

　ただし、ニーズが顕在化している層のユーザーというのは、誰の目から見ても明らかなうえ、全体のターゲット数のボリュームとしてはそう多くはありません。そのため、競合性が高くなりやすく、広告費

の高騰や検索順位自体を上げることが難しくなるということになりやすいという特徴があります。

　したがって、今すぐ客のニーズは確実に押さえつつ、ニーズが潜在化している層のユーザーを、顕在化するときまでフォローできるか、ということにも取り組んでいく必要があります。

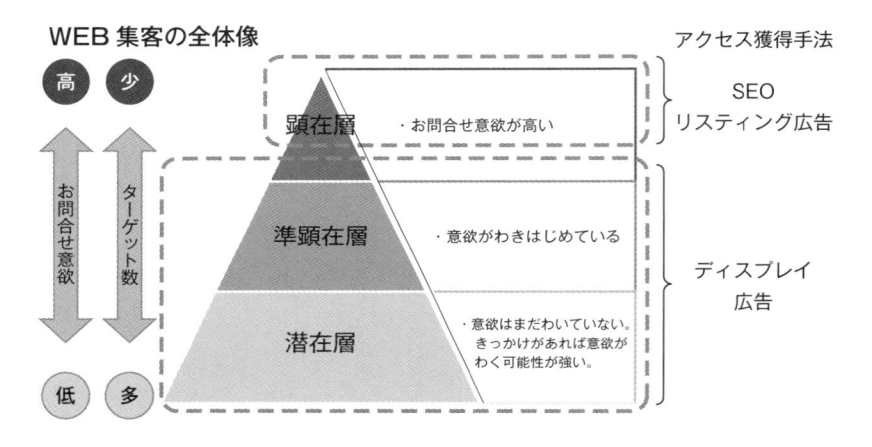

WEB編
Ⅳ−15 SEO対策

SEO対策のポイント

1. SEOとは何かを知る
2. SEO上位表示に必要なこと
3. SEO対策の具体例

さて、ここまでお伝えしたとおり、ホームページの集客方法として
は、リスティング広告、SEO対策、ディスプレイ広告の活用という3
つの方法があることをお伝えしました。

ここからは、各媒体を効果的に活用していく方法について解説して
いきます。

1. SEOとは

SEOとは「Search Engine Optimization：検索エンジン最適化」の
略で、検索エンジンの自然検索結果において、より上位に表示させ、
アクセスへとつなげるために行う一連の最適化施策を総称したもので
す。

SEO対策でもインプレッション数（表示回数）やクリック数を増や
すことは可能ですが、現実的に1つのホームページにおいて、検索エ
ンジンで上位表示させられるキーワードは限られているため、問合せ
を大きく増やす集客ルートとしてSEOを機能させるまでには、長い期
間が必要となります。

SEOの表示順位は、検索エンジン上において、クローラーといわれ
るホームページの内容を巡回している自動プログラムがホームページ
を確認することで変更されます。

ホームページを立ち上げた直後はクローラーが巡回していないた

め、検索エンジンに表示されなかったり、極端に低い表示順位（10ペー
ジ目以下）になったりします。

　GoogleやYahoo!などで検索した際に、検索結果ページの1ページ目
以内に表示されている状態がSEOの上位表示の基準とされます（おお
よそ10サイト程度が1ページ目に表示されます）。

SEO（自然検索）の表示イメージ

©Google

2．SEO上位表示に必要なこと

　SEOで上位表示されるためには、下記のような上位表示ルールがあ
ります。

① **キーワード設定**…SEOで上位表示させたいキーワードを決定し、ページ内で表示される単語の出現回数と割合を調整することで上位表示に影響させます。

② **タグ設定**…ホームページのほとんどはhtmlというプログラム言語で作成されています。このhtmlの特定のタグに上位表示させたいキーワードを設定することで、上位表示されやすくすることができます。

③ **インデックス数**…インデックスとは、端的に言うとホームページのページ数のことで、この数が多いか少ないかも表示順位に影響します。基本的には多い方がよいのですが、同じページを何ページも増やしたりしてしまうと、ペナルティとなり、逆効果を生むこともあります。

④ **リンク設定**…ホームページには内部リンク（同一ホームページ内のリンク）と外部リンク（外部ページからリンクされている数）があり、このうち外部リンクの量と質は上位表示に影響があるといわれています。2011年頃までは量の多さが特に重視されていたこともありますが、現在では量が多いだけでは評価につながらなくなっているため、内容が検証できない外部リンクを増やしてしまうと、Googleからの評価が下がり、表示順位の低下にもつながることもありますのでご注意ください。

⑤ **ドメイン取得からの期間**…これは単純にドメイン（ホームページのURL）を取得してからどの程度の期間が経過したかということです。基本的には期間が長くなるほど評価が高くなる傾向にあります。

　以上の項目の組み合わせで、SEOの表示順位が決定しているといわれており、それぞれを対策することで上位表示させることが可能となるというのが、SEO対策の考え方です。

　なお、下記のようなコンテンツはGoogleからの評価に影響しているため、検索順位の上下に影響するとされています。

Googleから評価されやすいコンテンツ	検索順位が下がりやすいもの
・個人の体験談・意見・感想 ・利便性の高いもの（モバイル対応など） ・最新のコンテンツ（ニュースなど） ・リッチコンテンツ（動画や画像など） など	・ミラーページと判断されるもの ・利便性の低いもの（モバイル未対応） ・不自然なサイトリンクを貼っているもの ・キーワードを詰め込みすぎているもの など

3．SEO対策の具体例

　上位表示のルールについてはおわかりいただけたと思いますので、ここからは、特に重要なキーワード設定とタグ設定について、具体的にどのようにすれば上位表示されるのかを解説します。

①　キーワード設定

　キーワード設定においては、闇雲にテキストを増やすだけでは効果がありません。

　重要なのはキーワードの出現回数と割合になりますが、その理想的な割合は次頁の図のとおりとなります。

　また、単語数全体で1,000ワード以上という条件もありますので、1,000ワード以上あるページを作成し、そのなかで下記の出現割合をキープするようにしましょう。

＜ホームページにおける上位表示させたいキーワードの理想的な出現頻度＞
TOPページ　4 〜 6%　　　SUBページ　2 〜 4%

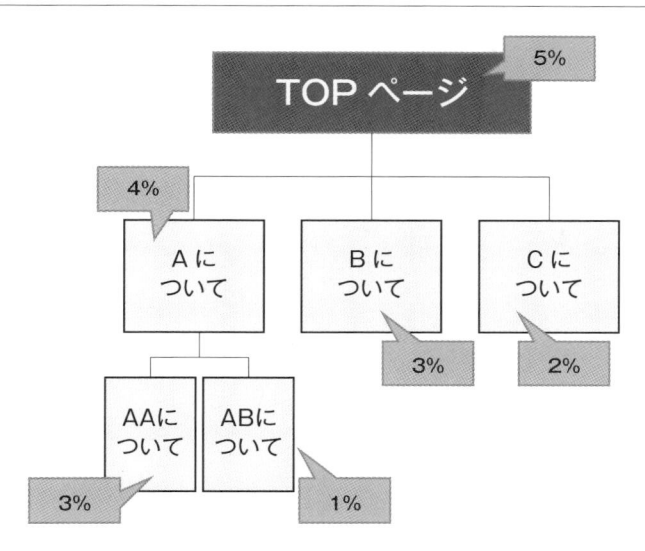

②　タグ設定

　ここでの「タグ」とは、コンピュータのプログラムを記述する際に、特定の機能や仕様などを指定する"目印"として用いられる特定の語句とお考えください。

　ホームページのタグには多くの種類がありますが、重要なのは下記のタグになります。

　・title（タイトル）：ホームページのタイトルとなります。ここが検索結果に表示されることが多いので、30文字程度で目標キーワードを含めた文にします。

　・description（ディスクリプション）：ホームページの説明に当たる部分。検索結果のなかでタイトルの下に表示される文章はここと同様になることが多いです。目標キーワードを含めながら自然な文章にします。検索結果には最大全角120文字程度が表示されます（スマートフォンは50文字程度。ただし、デバイスなどにより異なります）。

　・keywords（キーワード）：検索結果には表示されないですが、ホームページが検索されるうえで重視してもらいたいキーワードをここに書きます。単語数が多くなると各単語の優先度が下がるため、キーワードは2～3単語までとすることをおすすめしています。

　・h1：（エイチワン）：ホームページの見出しのことを指します。ここにもタイトル同様に目標キーワードを入れた文章をいれます。

【「会社設立　東京」での上位表示を目標とした、実際のタグ設定事例】

タグ	文例
title（タイトル）	東京で会社設立のご相談なら○○税理士事務所！実績多数
description（ディスクリプション）	東京で会社設立のご相談なら○○税理士事務所へ！ 相談実績件数○○○件。東京駅徒歩1分【駅直通！】 無料相談受付中。お問い合わせはお気軽にお電話ください。
keywords（キーワード）	会社設立、東京、税理士
h1	東京で会社設立のご相談なら○○税理士事務所

　また、ホームページの更新頻度も検索結果に影響するといわれています。

　また、スマートフォン対応については、2015年にモバイルフレンドリーというGoogleの基準が発表されており、スマートフォン対応されていないホームページは検索結果の評価を下げることが明確になっています。

　そのため、ホームページを作るうえでは、ユーザーの利便性はもちろんのことSEOの集客面で考えても、スマートフォンサイトの用意は必須といえます。

　最後に、SEO対策のまとめとしてチェックリストを用意いたしました。こちらの項目を参考に、SEO対策の実施度をご確認ください。

Check	大項目	中項目	小項目
☐	タグの設定	メタタイトル	目標キーワード、ホームページの主な内容を入れる
☐	タグの設定	メタディスクリプション	目標キーワードを含み、簡潔にホームページの主な内容を説明する
☐	タグの設定	メタキーワード	目標キーワードを含み、3単語までにする
☐	タグの設定	h1	目標キーワードを入れる
☐	文字数	TOP	TOPページのテキスト数を1,000単語以上にする
☐	キーワード	TOP	TOPページのキーワード出現比率を、キーワード：4〜6%、地域名を2〜3%にする
☐	更新	下層ページ	ホームページの内容を定期的（毎日が望ましい）に更新する
☐	モバイルフレンドリー	モバイルフレンドリー	スマートフォンから見ても見やすいサイトか

WEB編
Ⅳ-16 リスティング広告

リスティング広告のポイント

1. リスティング広告とは
2. キーワード設定
3. 見るべき指標

1．リスティング広告とは

　リスティング広告はPPC（Pay Per Cost）広告ともいわれるWEB
上の広告媒体で、ユーザーが検索エンジンで検索するときのキーワー
ドに応じて広告を出すことができ、1クリックごとに費用が発生する
検索エンジン広告です。広告の掲載位置は主に検索結果ページの上下
にあり、SEO（自然検索）の上位表示箇所をはさむ掲載位置となりま
す。

リスティング広告の表示イメージ（Googleの場合）

©Google

　広告の掲載システムはオークション形式となっており、１クリック当たりの上限入札金額の高さと広告の品質により、表示順位と価格が決まります。

　リスティング広告の最大の特徴は、インプレッション数（表示回数）を増やしやすく、クリック数を増やしやすいことが挙げられます。また、任意で設定したキーワードで入札し、アクセスを集める方式のため、問合せ率を高く保ちながらクリック数を増やすことができます。

　配信する検索エンジンによって名称が異なり、Googleの場合はGoogle Adwords、Yahoo!の場合はYahoo!プロモーション広告になります。Google、Yahoo!ともに検索エンジンのシステムはGoogleのシス

テムを使っているため、基本的な構成、内容はほぼ同じになりますが、用語や設定できる範囲が異なっています。

┃ 2. リスティング広告の概要

　リスティング広告は「キャンペーン」「広告グループ」「広告文」「キーワード」という4つの構成で成り立っています。

　それぞれにおいて、設定できる項目が異なっており、それぞれに適切な設定をしないと効果の高い広告運用はできません。

【リスティング広告の構造】

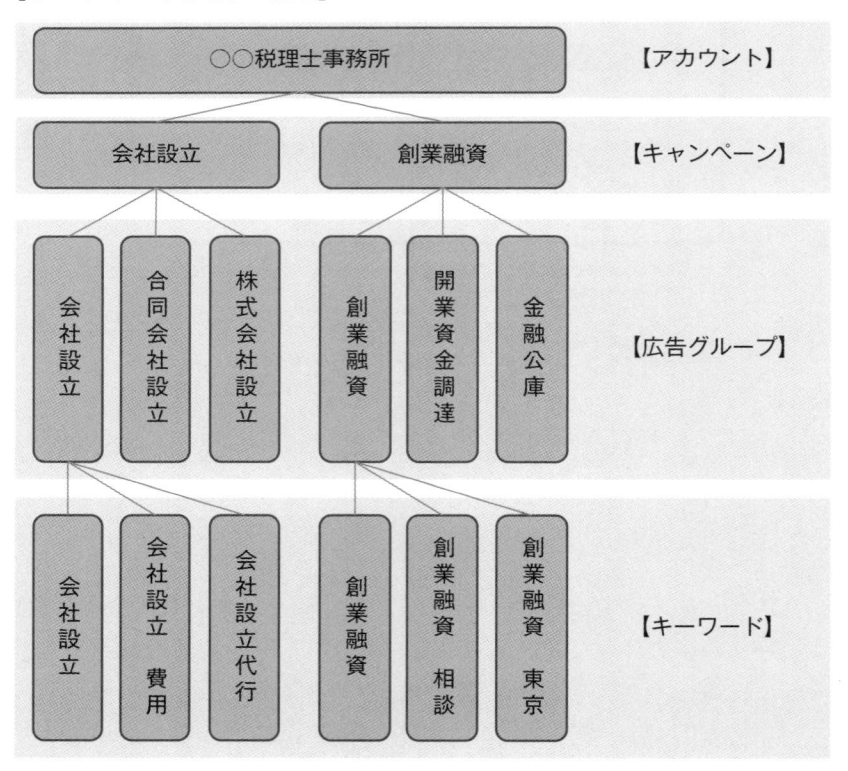

名称	設定範囲
アカウント	企業情報や支払い情報など
キャンペーン	日額予算設定、配信エリア、配信媒体（PC、スマートフォン）の選択、スケジュール設定、入札方式など
広告グループ	グループ毎単価設定、広告文の作成、広告表示オプションの設定
キーワード	登録キーワードの設定、キーワード別単価設定、マッチタイプ設定、除外キーワード設定

　キャンペーン設定では、日額予算設定が可能ですので、ここで1か月に使う金額の上限を設定します。

　配信エリアの設定もここで行います。Google Adwordsの場合は、都道府県・市区町村設定に加えて、Google Mapsから直接選択して、半径1kmの範囲から広告を配信することが可能です。Yahoo!の場合は、都道府県・市区町村別の設定のみになります。

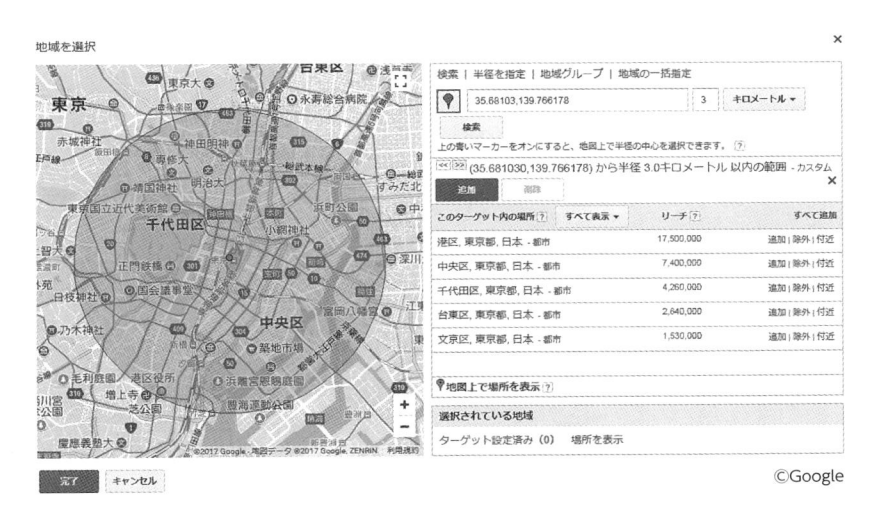

©Google

　また、パソコン、スマートフォンそれぞれの配信設定や配信割合の設定なども行えるため、ターゲットとしているユーザーの傾向に合わせて変更できます。

　曜日別、時間別の配信設定もできますので、土日や夜間に配信をしない設定などもできるようになっています。

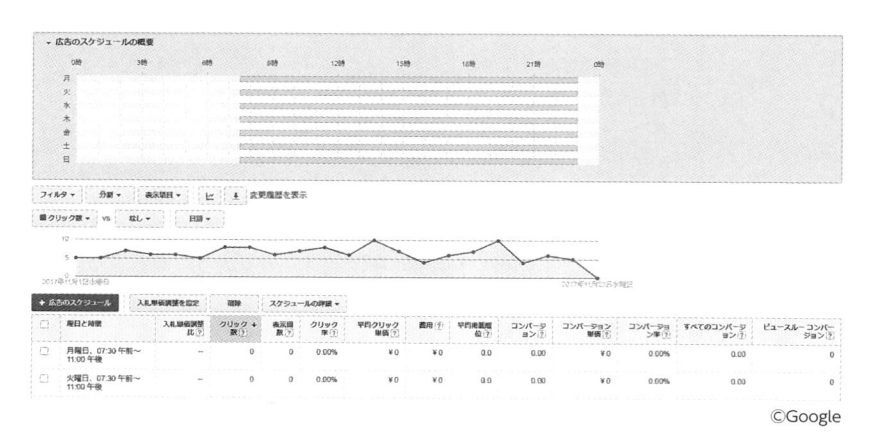

©Google

　広告の入札設定についても個別で入札金額を設定するか、自動で入札額を設定させるかを選ぶこともできます。

　広告グループの設定では、広告グループ単位での単価設定ができます。これがキーワードを追加した際に自動で設定される基準単価となります。

　広告グループのなかでは、グループごとに広告文を設定することが可能です。

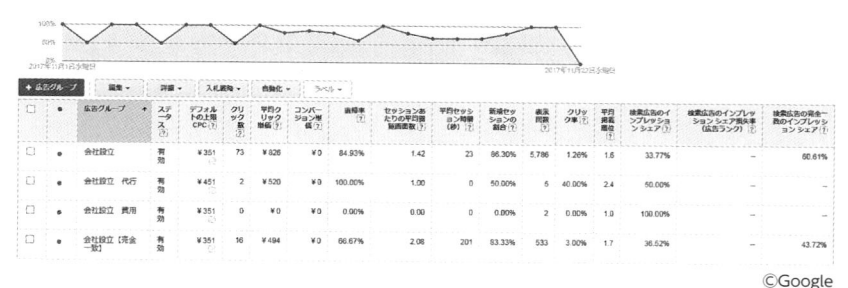

©Google

　広告文では、見出し〇文字、広告内文章〇文字のキーワードが設定できます。また、どのページにリンクさせるか？という設定も、広告文の設定のなかで行います。それ以外にも、検索エンジン上で表示される際のURLに日本語を使うことができますが、内容によっては、広告対象として不承認となることもあるので、各サービスでの事前確認をおすすめします。

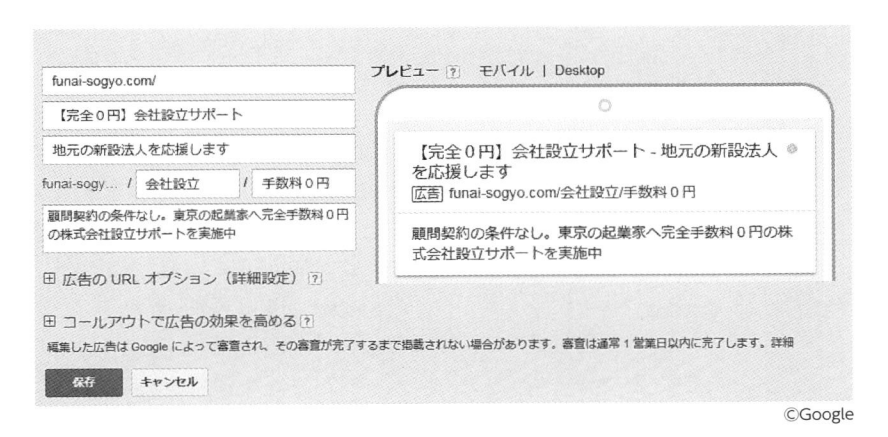

©Google

　また、広告グループで設定できる広告表示オプションは使われてい
ることが少ない機能なのですが、非常に重要な機能です。

　広告表示オプションでは、検索エンジン上に「電話番号」「住所」「ホー
ムペーのなかで特に見てもらいたいページ（サイトリンク）」「ホーム
ページ内に掲載している価格」など、広告文に入りきらない情報を追
加表示させることができます。

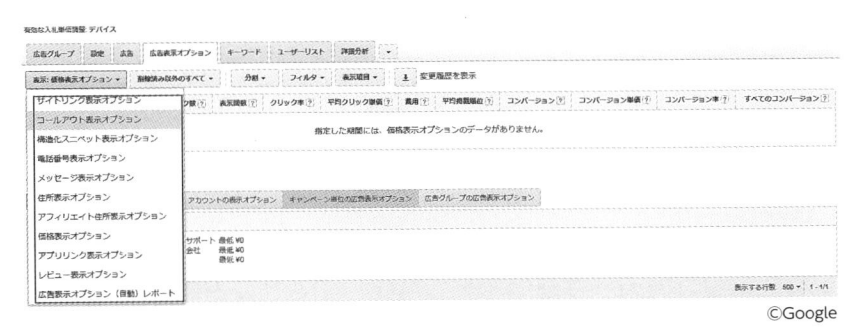

©Google

　この機能を使うことにより、掲載されるスペースが最大３倍程度ま
で広がるため、広告クリックの可能性を格段に上げることができます。

　キーワードでは、登録しているキーワードの追加・削除が行えます。

　また、キーワードには「マッチタイプ」という概念があり、検索さ
れた際にどの程度キーワードと合致した場合に広告掲載するかに合わ
せて、４つの区別がされています。

①部分一致

②絞り込み部分一致

③フレーズ一致

④完全一致

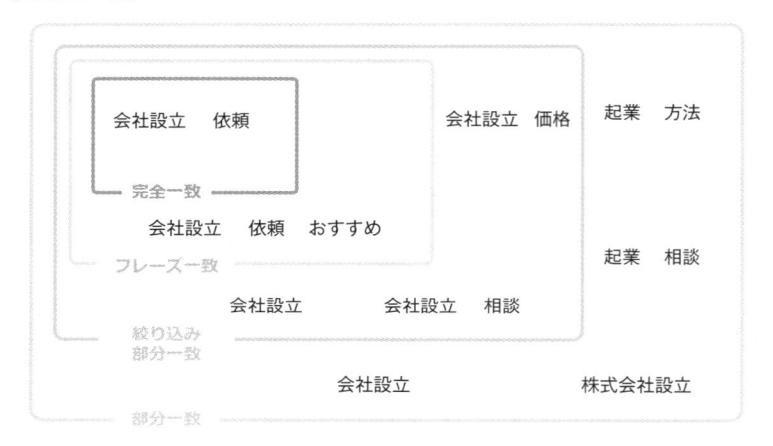

完全一致の場合以外、場合によっては広告配信の必要のないキーワードに広告がかけられてしまう場合があります。（例：「株式会社設立」の部分一致で配信した場合、「株式会社　船井総合研究所」でも配信される）

こうした不要なキーワードへの入札を止める場合、「除外キーワード設定」をしておくことが必要となります。

完全一致だけの運用であれば、不要なキーワードへの入札は避けられますが、その分クリックが集めにくくなるという特徴があるため、上手に使っていく必要があります。

3．リスティング広告運用のポイント

リスティング広告は、「運用広告」ともいわれており、一度設定をしただけで効果が最大限発揮されるものではありません。一度広告掲載を開始した後に、定期的に広告の配信状況を確認し、入札額の変更や広告文の変更などの改善をしていくことではじめて高い効果が発揮

されます。

広告グループ	ステータス	デフォルトの上限CPC	クリック数	平均クリック単価	コンバージョン単価	直帰率	セッションあたりの平均閲覧画面数	平均セッション時間(秒)	新規セッションの割合	表示回数	クリック率	平均掲載順位	検索広告のインプレッションシェア	検索広告のインプレッションシェア損失率(広告ランク)	検索広告の完全一致のインプレッションシェア
会社設立	有効	¥351	73	¥926	¥0	84.93%	1.42	23	86.30%	5,786	1.26%	1.6	33.77%	–	60.61%
会社設立 代行	有効	¥451	2	¥520	¥0	100.00%	1.00	0	50.00%	5	40.00%	2.4	50.00%	–	
会社設立 費用	有効	¥351	0	¥0	¥0	0.00%	0.00	0	0.00%	2	0.00%	1.0	100.00%	–	
会社設立 (完全一致)	有効	¥351	16	¥494	¥0	66.67%	2.08	201	63.33%	533	3.00%	1.7	36.52%	–	43.72%
合同会社設立	有効	¥351	2	¥584	¥0	100.00%	1.00	0	100.00%	291	0.69%	1.5	29.40%	–	57.14%
株式会社設立	有効	¥351	16	¥488	¥0	58.75%	1.94	145	68.75%	875	1.83%	1.6	37.67%	–	48.44%
合計 - フィルタした広告グループのみ			189	¥718	¥0	80.77%	1.57	62	82.69%	7,492	1.45%	1.6	34.19%	–	47.52%
合計 - すべてのアクティブな広告グループ			136	¥591	¥0	73.28%	1.80	78	78.63%	7,701	1.77%	1.6	34.51%	–	47.55%
合計 - すべての広告グループ			136	¥591	¥0	73.28%	1.80	78	78.63%	7,701	1.77%	1.6	34.51%	–	47.65%

©Google

　リスティング広告の画面を見ると、色々な指標が並んでおり、重要なポイントがずれてしまうことがあります。では、どの指標をみればよいかというと、**①インプレッション数（表示回数）、②クリック数、③クリック率、④平均掲載順位、⑤品質スコア**の5つの順に見ていくことが必要です。

①　インプレッション数（表示回数）

　これは、リスティング広告に出稿しているキーワードの「マーケットボリューム」と考えるとわかりやすいかもしれません。この数が母数となって、クリック数が生まれます。

　おおよその目安として、インプレッション数の1％がクリック数とされます。つまり、必要なクリック数の100倍のインプレッションが獲得できていないと、市場規模が足りないということになります。

　仮に500クリックを目標とする場合は、50,000インプレッション以上が必要という計算になります。

　インプレッション数が足りない場合は、新しくキーワードを追加したり、広告のエリア設定を広げたりすることが必要になります。

　キーワードのマッチタイプを変更し、より幅広いキーワードを獲得する方法も考えられます。

②　クリック数

　実際にクリックされた数として目標どおりに足りているか？という視点が重要になります。クリック数の2％程度が問合せ数の目標となるため、月10件の問合せ獲得を目標とするならば、月500クリックが必要になります。

③　クリック率

　インプレッションが十分にあるにもかかわらず、クリック数が足りないという場合は、クリック率を上げて効率を高めていく必要があります。

　クリック数÷インプレッションによって算出される数字になります。広告の効率の指標となる数字で、目安となる目標は1％です。1％を超えていない場合、広告文の見直しや、広告表示オプションの設定により訴求力を高めるための対策を打ちます。

　それ以外にも、除外キーワードの設定を行うことで、無駄な広告表示やクリックを排除するということも効果的です。

　また、そもそも広告掲載順位が低すぎる場合はクリック率は上がりませんので、そちらも確認します。

④　平均掲載順位

　検索結果の上部に一度に表示される広告の数は、0〜4つまでとなっていて、5位以下の広告は検索結果の最下部か、2ページ以降に表示されることとなります。

　これを掲載順位といいますが、自分の広告がどの程度の順位で表示されているかが平均掲載順位です。

　ページ上部に入る上限が4位までとなりますので、4位以内に入っておくことが1つの指標となります。特に平均掲載順位が5位以下となると、クリック率・クリック数ともに大きく低下します。

　平均掲載順位を上げるためには、入札単価の引き上げと広告ランクの引き上げが必要となります。入札単価については、いくらぐらいに設定することで上位表示されるかは管理画面上から確認できますので、そちらを確認します。

⑤　品質スコア

　品質スコアはキーワードごとに設定されている評価で、1～10までの10段階評価となっています。品質スコアは高ければ高いほどよいですが、運用する中では最低5以上は確保しておきたい数値です。

　品質スコアについては、キーワードのクリック率と、キーワードと広告文、広告を押したときに表示されるページとの内容の一致度合いによって決定されます。マッチタイプの変更によってもスコアは変動するので、これらの組み合わせによってスコア上昇の対策を取ります。

　最後に、どの程度リスティング広告に掛けるべきか、という点ですが、前述のとおりCPO 5万円～10万円の範囲を目指し、費用対効果を考えていきましょう。

WEB編
Ⅳ-17 ディスプレイ広告

> **ディスプレイ広告のポイント**
>
> 1. ディスプレイ広告とは
> 2. ターゲティング
> 3. クリエイティブ

1. ディスプレイ広告とは

　ディスプレイ広告とは、閲覧しているホームページの一部の広告枠に表示される画像またはテキストの広告です。皆さんもよく見かけるものとしては、ブログやブログ型ホームページに掲載されている正方形の広告が挙げられます。

ディスプレイ広告の表示イメージ

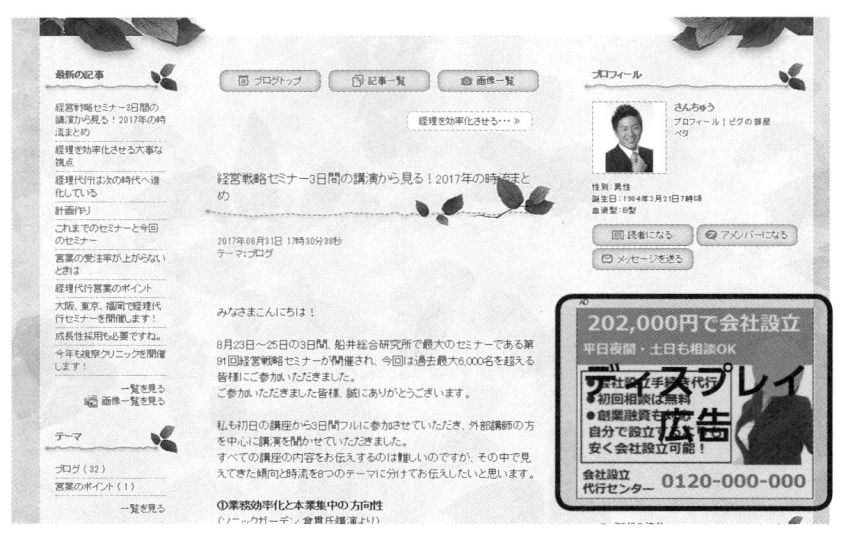

　課金体系は、リスティング広告同様に1クリックごとの課金となり、

　主な広告媒体として、Yahoo! ディスプレイアドネットワーク（YDN）やGoogleディスプレイネットワーク（GDN）などがあります。

　ディスプレイ広告の特徴としては、リスティング広告と比較して1クリック当たりのコストが低くなりやすく、インプレッション数（表示回数）を増やしやすいという傾向にあります。また、ニーズが潜在化しているユーザーにもアプローチできる媒体であるため、ターゲットするユーザーによってクリック当たりの問合せ率が大きく変わってきます。

　ディスプレイ広告での集客を成功させるためには、「①ターゲティング（だれに配信するか）×②クリエイティブ（何を見せるか）」の2点に絞って考えていきます。

2.　ターゲティング

　ディスプレイ広告で設定できるターゲティングのパターンは数多くありますが、大きく分けてユーザーの行動軸と属性軸の2つに分けて考えます。

　行動軸とは、ユーザーの過去の行動をもとに配信するターゲティング方法で、代表的なものとしてリターゲティング（リマーケティング）広告があります。これは、一度自社のサイトに訪れたことのあるユーザーの再来訪を促すターゲティング方法で、一度で相談・依頼に結びついていないユーザーに対して継続的に広告を配信し、再来訪と反響を獲得する手法です。

　それ以外にも、行動軸を基にしたターゲット手法として、検索したキーワードの履歴でターゲティングするサーチターゲティングも代表的な配信方法の1つです。

　一方、属性軸とは、ユーザーが男性なのか女性なのか、年齢はいくつなのか、どんな話題やテーマに興味・関心があるのかといったユーザーの属性に対して配信する方法になります。

　こちらは大まかな傾向や属性に対して配信する広告になるため、大きく広告をかけていける反面、やや大雑把なターゲティングにもなるため、反響につながる確率としては、一般的には行動軸で配信するターゲティング手法の方が高くなりやすいです。

3.　クリエイティブ

　クリエイティブとは、バナー（画像）やテキストといった配信する広告そのものを指します。リスティング広告ではテキスト文の広告を配信しますが、ディスプレイ広告では、テキストに加えてバナー（画像）などの配信が可能になります。バナー広告のメリットは、人の印象に残りやすい広告を配信できるという点です。

　クリエイティブにおいては、いかに目を引く内容にできるかがポイントとなります。目を引く内容のポイントとしては、「キャッチフレーズ」と「画像」があります。

　ディスプレイ広告での有効なキャッチフレーズとしては、「相談無料」や「設立費用０円」「創業融資実績○○○件」など、顧客にとってのメリットを数字で訴求する訴求の方法と、「手元資金が○○円以下で開業したときの成功率は○％」「起業で失敗する経営者が陥る10の間違い」などの潜在ニーズを掘り起こすようなフレーズを用いる方法があります。

　また、掲載する画像も重要で、テキストだけの広告ではなかなか目を引くことが難しいため、笑顔などの感情がわかる写真、女性の写真を使うことで、クリック率が上がる傾向にあります。また、事務所名や代表の顔写真を含めた画像にすることは、ブランディングや認知獲得施策として効果的です。

　ターゲットとしているユーザーや誘導したいページによってキャッチフレーズと画像の組み合わせを設定し、細かく広告を使い分けることが活用のポイントです。

ディスプレイ広告のイメージ

WEB編
Ⅳ-18 その他の広告

その他の広告のポイント

1. 動画広告とは
2. 動画広告の課金体系
3. 配信方法

　これまで有料広告であるリスティング広告とディスプレイ広告について説明しましたが、WEBの広告の種類はそのほかにも日々増え続けています。そのなかでも、今、最も広告市場が大きく伸びており、今後、リスティング広告同様の広告市場となるであろう動画広告について説明します。

1. 動画広告とは

　動画広告とは、YouTube等で動画を見る際に、5 〜 30秒ほど強制的に見せられるCMのような動画のことです。ディスプレイ広告より多くの情報を発信できる点が動画広告のメリットとなります。動画広告は、近年、その市場が急激に伸び、今後、リスティング広告以上の市場規模になると予測されています。税理士業界においては、規模の大きい事務所が地域での認知度向上に向けて、配信を始めています。

2. 動画広告の課金体系

　動画広告の課金体系は、リスティング広告やディスプレイ広告と異なり、主に「視聴単価」になります。具体的に説明すると、動画が媒体ごとに設定された秒数以上視聴された時点で広告主へ課金されます。つまり、動画が配信されてもユーザーにその秒数以上視聴されなければ課金はされません。YouTube等での30秒広告は、動画を視聴

したユーザーが後日事務所名を喚起できるほどの記憶を与えることができるため、地域での認知度向上やイメージアップに効果が期待できます。

3. 配信方法

YouTubeの場合、主に、Google Adwordsのインストリーム広告という広告で配信します。配信方法はディスプレイ広告と非常に似ており、ディスプレイ広告と同様にターゲティング設定が可能です。

ディスプレイ広告におけるクリエイティブは、ここでは動画となります。つまり、どういった動画の内容を制作するかがポイントとなります。

WEB編
Ⅳ-19 コンバージョン設定

コンバージョン設定のポイント

1. コンバージョンとは
2. コンバージョンの設定方法
3. 見るべき指標

1. コンバージョンとは

　コンバージョンとは、ホームページにおける「ゴール設定」と考えていただけるとわかりやすいです。通販サイトなどであれば商品購入ですし、税理士事務所の場合は問合せになります。

　問合せの獲得は電話やメールでカウントすることになりますが、「実際にどのページを見た人が問合せに至ったのか？」「どのようなキーワードで検索した人が問合せに結びついたのか？」がわかれば、問合せにつながるキーワードやページが明確になります。

　それが把握できれば、WEBマーケティングの改善がより具体的になり、SEO対策やリスティング広告でのキーワードプランニング、予算調整といった対策において、成果に直結する改善策を取りやすくなります。

　実際にクライアントの税理士事務所のリスティング広告において、コンバージョン設定をしてから6か月間、問合せにつながるユーザーのデータを蓄積した後、問合せにつながりやすいキーワードのみに絞り込んでリスティング広告を設定したところ、1反響当たりの獲得コストを半分以下に下げることができた、という結果につながりました。

2.　コンバージョンの設定方法

　コンバージョン設定をするうえで最重要なのが、「ゴール設定」です。税理士事務所のホームページにおいては、メール問合せ後の「問合せ完了画面」や主にスマートフォンからのアクセスの際に計測できる、「電話タップ」したユーザーが集客のゴールとなります。

　コンバージョンの設定方法には、大きく分けて2つのパターンがあります。

　1つ目は、Google Analytics（アナリティクス）などのアクセス解析ツールを利用しコンバージョン設定する場合です。この場合は、Google Analyticsの管理画面にてコンバージョン地点の定義を設定し、コンバージョンが計測できるようにします。

　この方法は特段ホームページのなかにコードを埋め込む、といった専門的な作業が発生せず、すぐにでも取り組める方法です。

① 　Google Analyticsにログイン後、左下の「アナリティクス設定」をクリックし、目標をクリック

©Google

111

②　「＋新しい目標」をクリック

©Google

③　目標設定

1 目標設定

◉ テンプレート

事前に決められた設定で開始するためのテンプレートを選択してください

収益

○ 予約　ツアー、レンタルの利用を申し込んだ、予約した

○ 支払い　オンラインでの支払いを済ませた

○ 面談の予約　訪問や面会の日時を設定した

○ パートナーになる　パートナー、アフィリエイト、ディーラーに関する情報を請求または送信した

集客

○ アカウントの作成　登録を完了した、アカウントを作成した、ビューを作成した

問い合わせ

○ 詳細表示　商品やサービスの詳細情報を表示した

○ 問い合わせ　電話番号、ルート、チャット、メールを表示した

○ 見積もりデータを確認　価格や納期の見積もりを依頼した

○ 状況確認　在庫やスケジュールを確認した

○ 所在地確認　所在地やディーラーに関する情報を表示した

©Google

目標設定のなかで該当するものを選択し、「続行」をクリックします。

④　目標の説明

©Google

　何を目標とするかを設定します。アクセスしただけでよいのか？
一定の時間以上滞在したことをゴールとするか？　などを設定しま
す。税理士事務所のホームページの場合は、到達ページで考えること
が一般的です。

⑤　目標の詳細

©Google

「到達ページ」に、問合せ完了ページなど問合せにつながったとき

113

に表示されるページのURLを入力します。

　2つ目のパターンは、リスティングやディスプレイ広告の有料広告の管理画面でコンバージョンタグを発行し、コンバージョン地点にコンバージョンタグを設置するものです。

　上記2パターンともに、「コンバージョン」の定義は、問合せ完了後の問合せ完了ページや、メルマガ登録完了ページなどを指定しましょう。

　また、Google TagマネージャーというGoogleのツールを利用することにより、スマートフォンからの電話番号バナータップユーザーをコンバージョンと定義し、分析することも可能になります。

コンバージョン設定のイメージ

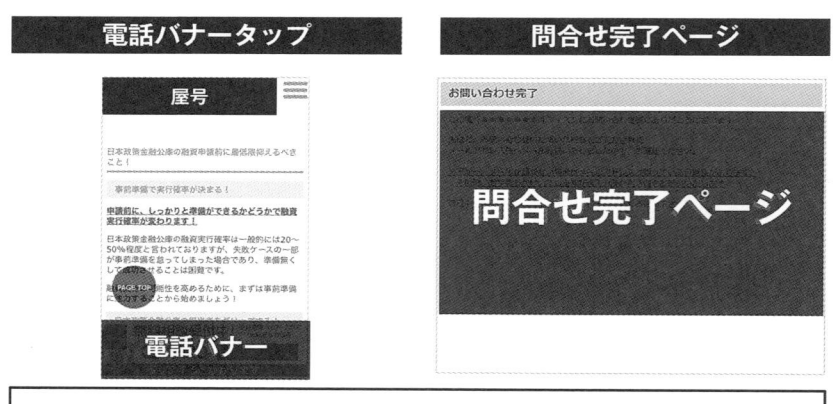

時間帯 ⑦	参照元/メディア ⑦	キャンペーン ⑦	広告グループ ⑦	キーワード ⑦	電話バナータップ（目標2の完了数）⑦		問い合わせ完了（目標1の完了数）⑦	
1. 2017052306	google / cpc	【GDN】創業融資	【キーワード】「起業」	(content targeting)	1	(3.57%)	0	(0.00%)
2. 2017052410	google / cpc	創業融資	日本政策金融公庫	+公庫 資金	1	(3.57%)	0	(0.00%)
3. 2017052611	google / organic	(not set)	(not set)	(not provided)	1	(3.57%)	0	(0.00%)

WEB編
Ⅳ-20 WEB分析手法-基礎編-

1. WEB分析の基本
2. 目標数値の法則
3. 改善の基本的な考え方

1. WEB分析の基本

WEBマーケティングの基本的な考え方

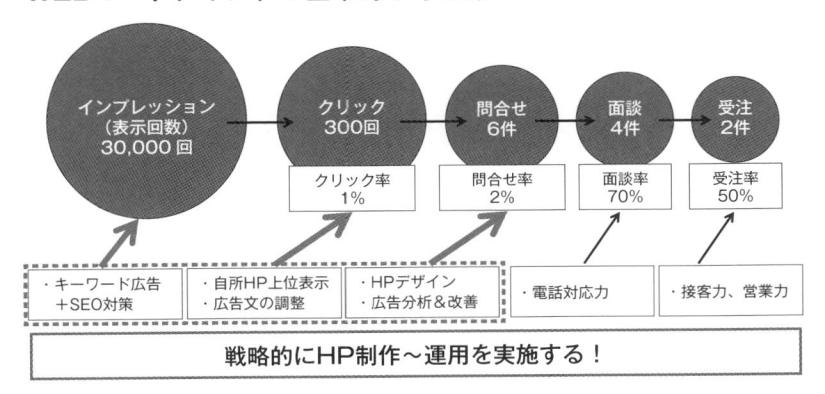

「Ⅳ-11　WEBマーケティングの考え方」〔71ページ〕でも説明しましたが、上の図が示すように、受注までのプロセスのうち、問合せを獲得するところまでがWEBマーケティングの役割です。

あくまでリスティング広告を運用する前提にはなりますが、ここで押さえるべき数値は、①**インプレッション数**、②**クリック数**、③**クリック率**、④**問合せ率**の4項目となります。

とはいえ、ただこの4項目を見ていても何もわかりません。目標があって、その対比のなかで改善点が浮かび上がってきます。

そこで、まずはこれら4つの項目のそれぞれに目標を設定すること

がWEB分析のスタートとなります。

2．目標数値の法則

　目標設定をするためには、どの程度の数字になれば「良い」といえるのかの基準が必要です。

　そこで、参考までに船井総合研究所がサポートしている創業支援ホームページにおいて、月間2件以上の受注を安定して達成していく、という前提での目標指標を掲載させていただきます。

対象項目	目標指数（良い）	目標指数（悪い）
インプレッション数	30,000以上	20,000以下
クリック数	200以上	150以下
クリック率	1％以上	0.5以下
問合せ率	2％以上	1％以下

　なお、こちらは全業種で通用する数字ではなく、あくまで税理士の創業支援ホームページにおける目標数値です。1つの目安としてご活用ください。

3．改善の基本的な考え方

　WEB分析においては、まずは上記の4項目について目標としている数値を達成できているかを確認します。

　インプレッションが少なければ、キーワードを増やしたり、配信エリアを広げたり、ディスプレイ広告を利用したり、といった対策が考えられます。

　クリック数が少ない・クリック率が低い、という場合は、インプレッション数が足りているかどうかによって対策が分かれます。インプレッション数が少ない場合は、上記のようなインプレッションを増やす対策を取ります。インプレッション数が十分に取れている場合は、クリック率を上げていく必要が出てきます。クリック率を上げるためには、広告文の変更や広告表示オプションの設定、不要なキーワード

の削除などの対策を取ります。

　問合せ率が低い、という場合は、キーワードとニーズのマッチという点と、広告をクリックした後に表示されるホームページの内容についての問題が考えられます。

　キーワードとニーズのマッチとしては、実際にクリックされたキーワードが問合せに結びつくようなキーワードか、過去にコンバージョンしたキーワードがクリックされているかを確認します。

　また、クリックした後のページの内容と検索されたキーワードの内容が合っているか、問合せ獲得に必要なページ（商品ページ、価格表、お客様の声、事例、スタッフ紹介）が揃えられているかも、問合せ率アップのためには役立つコンテンツです。

　ちなみに、インプレッション数やクリック数は設定している広告予算によって目標数字は変動するため、一概に上記の数字どおりでないと悪くなるというわけではありません。その場合は、CPR（1件問合せ獲得のために使った広告費）、CPO（1件受注のために使った広告費）という指標も合わせて分析をします。

　CPR、CPOの目安としては、下表のようになっています。

対象項目	目標指数（良い）	目標指数（悪い）
CPR	10,000円～15,000円	50,000円以上
CPO	30,000円～50,000円	150,000円以上

　以上のように、数値指標を持って分析することで、自社のホームページが有効に機能しているかどうかを把握することができるようになります。

WEB編
Ⅳ-21 WEB分析手法－応用編－

WEB分析手法－応用編－のポイント

1. 分析に必要なツール
2. 押さえておくべき基本項目と指標
3. Google Analyticsの具体的な分析項目

1. 分析に必要なツール

前項の基礎編では、主にリスティング広告を中心とした改善の考え方について説明しました。

ここからは応用編として、より具体的なホームページの内容改善の分析手法について解説いたします。

ホームページの内容改善を行ううえで、必須のツールといえるのが「Google Analytics」です。Googleのアカウントさえあれば誰でも無料で分析でき、非常にわかりやすく使いやすいツールではありますが、分析項目が多岐に渡っているため、ポイントを押さえないと必要な情報までたどり着けない複雑さも兼ね備えています。

WEB分析と改善においては必須となるツールですので、ホームページを作成した際には、Google Analyticsの登録も同時に行っておきましょう。

2. 押さえておくべき基本項目と指標

リスティング広告と同様に、Google Analyticsを導入して数字を眺めているだけでは意味がありません。そこで、分析するうえで基本となる項目と指標を説明します。

Google Analyticsには主に7つの指標があります（「ユーザー」→「概

要」から確認）。

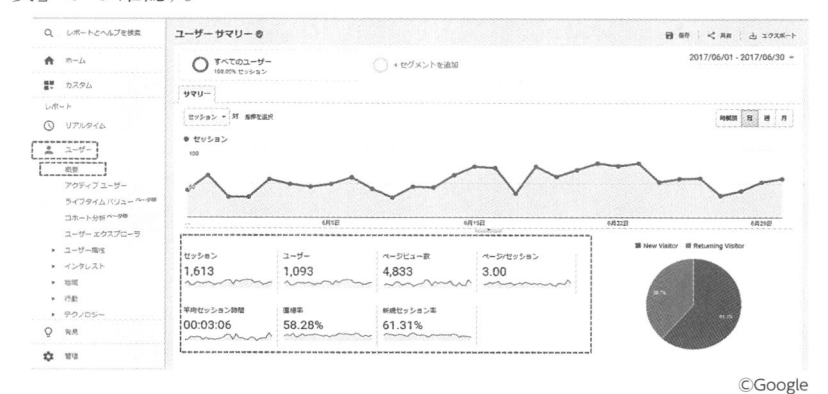

©Google

　このうち反響率に影響する項目は、重要度の高いものから「直帰率」「新規セッション率」「平均セッション時間」「ページ／セッション」です。

セッション：ホームページの閲覧回数

ユーザー：ホームページへの訪問人数

ページビュー：ホームページ内で閲覧されたページ数

ページ/セッション：ユーザーの１訪問当たりの閲覧ページ数

平均セッション時間：ユーザーがサイトに訪れてから離脱するまで
**　　　　　　　　　　の平均時間**

直帰率：ホームページを閲覧して２ページ目を閲覧せずに離脱する
**　　　　確率**

新規セッション率：総訪問者数に対して、新規のユーザーが訪れた率

　この４つの項目において、良し悪しを判定する大まかな基準は以下の表のようになります。

対象項目	目標指数（良い）	目標指数（悪い）
直帰率	40％未満	60％以上
新規セッション率	60％〜75％程度	40％以下/90％以上
平均セッション時間	３分以上	１分以下
ページ/セッション	４ページ以上	２ページ未満

　直帰率が高い場合は、検索したキーワードとホームページの内容が

合っていないか、ホームページのデザイン、内容が悪く、ユーザーの興味・関心との相性が合っていないか、などが考えられます。

　対策としては、検索されたキーワードと表示されるページを変えるか、ページの内容自体を変えることが必要となります。

　新規セッション率は低すぎても高すぎてもよくないといえます。低すぎてしまうと、新しいユーザーが取り込めていないため、母数となる人数が増やせていないということになります。逆に高すぎる場合はリピーターが獲得できていない、つまり、一度見ただけで終わってしまっているホームページになっていることがわかります。

　低すぎる場合は広告媒体や流入経路を増やす、または変更するといった対策が必要となります。反対に高すぎる場合は、リピート訪問してもらえるような更新コンテンツ（事例やお客様の声）やユーザーにとって有益な情報が記載されているコンテンツを用意することで再来訪を狙います。

　ページ/セッションはユーザーの回遊性を評価する指標です。少なければ少ないほど、直帰率同様にニーズと内容とがマッチしていないということがわかります。

　この数字が低い場合は、ほかのページに誘導できるようなバナーや有益なコンテンツの露出を強化し、より多くのページを閲覧してもらえるように促します。

　以上のように、訪問ユーザーと内容のマッチングを把握しつつ、最初に見てもらうページだけでなく、より多くのページを見てもらうような誘導と魅力的なコンテンツ作成がポイントとなってきます。

┃3．Google Analyticsの具体的な分析項目

　Google Analyticsでは、上記のような基本項目だけでなく、さらに詳細な項目の分析も可能となっています。

①　セッション数の多いキーワード

　ホームページを訪問しているユーザーが実際にどのようなキーワードで訪問したかを確認することができます。これは、リスティング広告やSEOによる訪問を含めた全ユーザーからの分析となります。

　この分析により、実際に集客したいキーワードできちんと集客できているかどうかを把握することができます。

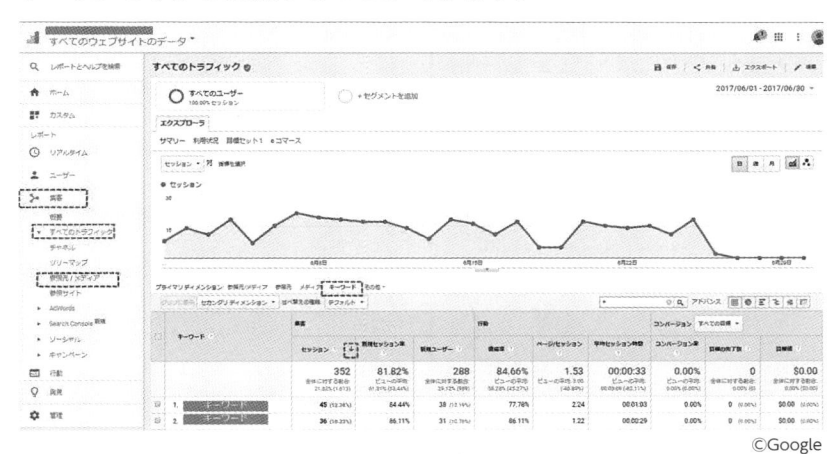

©Google

②　セッション数の多いページ

　訪問したユーザーが実際によく閲覧しているページを確認することができます。

　問合せにつながるページを見てもらえているか、ページごとの滞在状況はどうなっているか、どのページがよく見られていて訪問したユーザーをどのページに誘導するとよいかなどがわかるようになります。

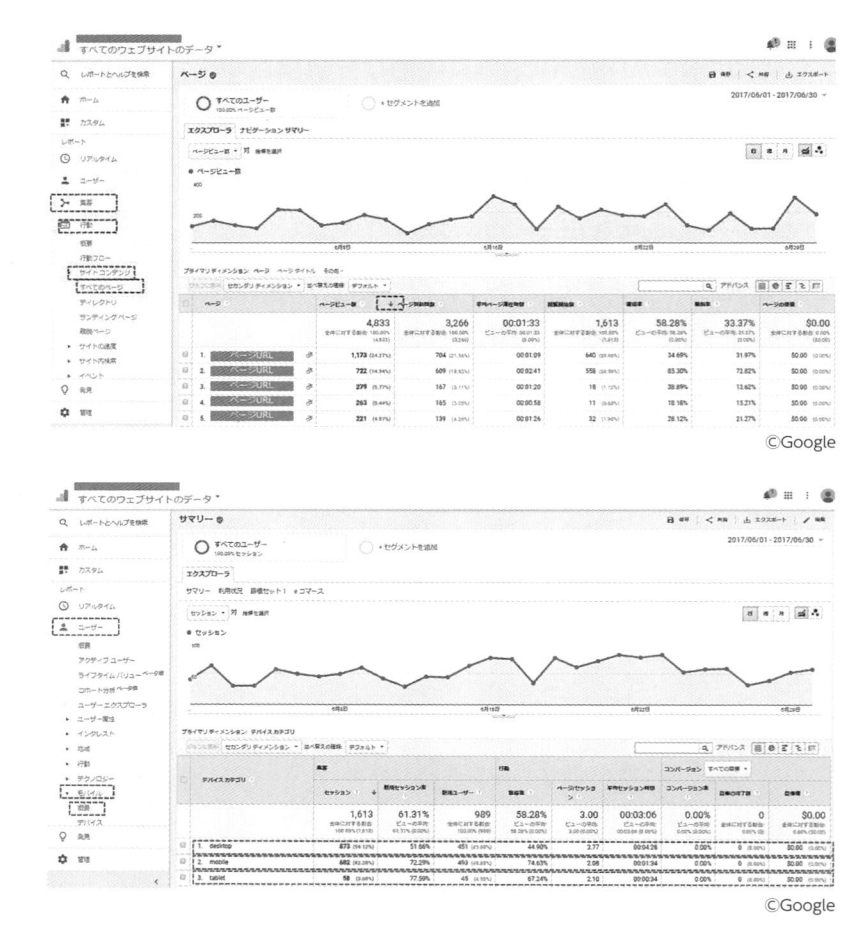

©Google

©Google

③　デバイスごとの流入数

　パソコン、スマートフォン、タブレット、それぞれのデバイス（こ
こでは「通信機器」のこととお考えください）からのアクセス状況も
見ることができます。どのデバイスがメインとなっているか、それぞ
れのデバイスの反応状況がどうなっているかを確認することで、広告
費の掛け方やデバイス別の改善の優先順位付けなどを行うことができ
ます。

④　流入経路ごとのセッション増減

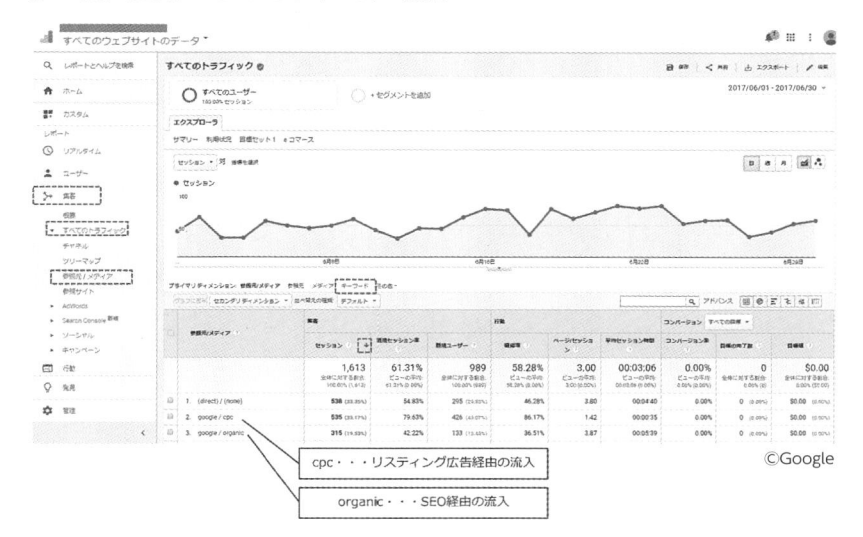

cpc・・・リスティング広告経由の流入

organic・・・SEO経由の流入

©Google

　リスティング広告からのアクセスと自然検索（SEO経由）からのアクセス、その他のサイトからのリンクによるアクセスなど、流入経路による反応の違いを見ることができます。効果的な流入経路やあまり機能していない流入経路を把握することで、何に注力すべきかがわかります。

⑤　曜日別・時間別の変動

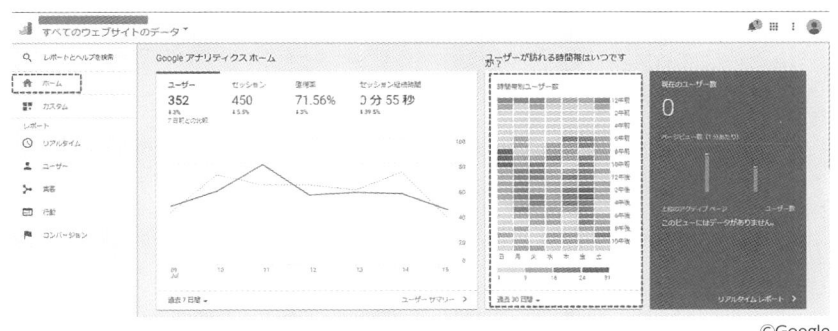

©Google

　曜日や時間によってもユーザーの反応は変わります。それらを細かく分析することで、ユーザーの滞在状況の良い時間帯に広告を集中的

に出稿したり、悪い時間帯には停止したりするなど、最も効果的なタイミングで集客を実施するうえでの指標となります。

　以上のように、全体的な状況を把握しつつ、さまざまな角度からクロスに分析をかけていくことで、改善の本質が見えてくるようになります。

　分析できる項目はこちらで紹介した以外にも数多くありますので、特に改善が必要な数値が出ている項目については、いろいろな角度から分析してみましょう。

ダイレクトメール編
Ⅳ−22 ダイレクトメールの考え方

☞Ⅵ❶（220ページ）

ダイレクトメールの考え方のポイント

1. **ダイレクトメール送付で接触頻度が増加、問合せ率がアップする**
2. **WEBで集客できる層とは異なる層へのアプローチも可能**
3. **ダイレクトメールとWEBのメディアミックス戦略で反響を高める**

　即効性の高いWEB集客は効果的ですが、紙媒体もまだまだ有効な集客手段の1つです。特に、都市部よりも地方においては、紙媒体の反響率は高く、1％程度（100枚撒いたら1件以上の問合せ）です。

　ダイレクトメール1枚当たりのコストは110円程度ですので、200枚送付して、反響率0.5％だった場合でも、総コスト22,000円、問合せ1件でCPR（1件の問合せ獲得コスト）は22,000円となり、WEBと比較しても悪くはない数値です。また、面談率70％、受注率50％と設定した場合、600枚送付して、問合2.8件、面談2件、受注1件となりますが、その場合のCPO（1件の受注獲得コスト）は66,000円です。こちらもWEBと比較しても悪くない数値です。「ダイレクトメールは時代遅れ」と決めつけるのは間違っているといえます。

　とはいえ、「ダイレクトメールは他の税理士の反応が気になる…」という声を聞くことも多くあります。足踏みしがちなダイレクトメールになぜ取り組んだほうがよいのかを因数分解したいと思います。

1. ダイレクトメール送付で接触頻度が増加、問合せ率がアップする

　一度ホームページを訪問しているお客様がダイレクトメールを目にした場合、2回接触できたということになります。逆もしかりで、ダ

イレクトメールを目にしたお客様がホームページを訪問した場合も、2回接触できたということになります。WEB＋紙媒体で接触頻度が高くなり、問合せにつながる率も高くなります。また、接触頻度を高めるという視点で考えると、ダイレクトメールは一度送付したら終了ではなく、複数回撒くことが効果的です。

2. WEBで集客できる層とは異なる層へのアプローチも可能

　ターゲット全員がWEBの積極的な利用者とは限りません。紙媒体を利用することで、WEBからはアプローチできなかった層にもアプローチすることができます。

　実際、WEB経由のお客様と紙媒体経由のお客様では層が異なる傾向があるように感じます。例えば、WEB経由のお客様は、複数事務所と比較検討する傾向にありますが、紙媒体経由のお客様は他の事務所と比較を行うことが少ないといった違いは、実際に見られます。また、WEB経由のお客様は急ぎのニーズの場合も多いですが、ダイレクトメール経由のお客様のなかには、3か月〜半年前のダイレクトメールを持って面談に来る方もいます。これらの違いからも客層の違いをリアルに感じます。

　販促媒体をWEBだけに限定しないことで、アプローチする層を広げることができ、結果として、問合せを増加させることができます。

3. ダイレクトメールとWEBのメディアミックス戦略で反響を高める

　ダイレクトメール経由で問合せをしてくるお客様は、ダイレクトメールだけを見て問合せをしてきているかというとそうではありません。ダイレクトメールを見て、ホームページ等を調べて問合せをしてきています。そこで、ダイレクトメールからホームページまでの導線を整備することがポイントになります。ダイレクトメールを見たお客様がホームページにアクセスしやすくすることで、道半ばでお客様が

こぼれてしまうということを減らすことができます。具体的には、ダイレクトメール上にホームページのメインビジュアルを掲載する、検索したらSEO 1 位にあがってくるキーワードを掲載する、スマートフォンで読み取るとホームページに直接アクセスできるQRcodeを掲載するなどです。

　ダイレクトメールとWEBをうまく連動させることで、接触頻度を高め、信頼度を高めて問合せ数を増加することができます。

ダイレクトメール編
Ⅳ-23 成果の出るダイレクトメールデザイン

成果の出るダイレクトメールデザインのポイント

1. 成果の出るダイレクトメール7つのポイントを押さえる
2. 図、イラスト、写真を活用する

1. 成果の出るダイレクトメール7つのポイントを押さえる

　成果の出るダイレクトメールにはこれだけは押さえたいというポイントが7つあります。

①　インパクトのある見出しにすること

　やはり一番目に付くのは見出しです。圧倒的な低価格や、メリットを打ち出すことでまずは注目を集め、ダイレクトメールに目を通してもらえるようにします。

②　ターゲットを絞り込むこと

　「創業○期の企業限定」「○○エリア限定」等、ターゲットを絞り込みます。

③　"無料"を打ち出すこと

　「無料相談実施中」「見積り無料」「無料診断実施中」等、何かしらの"無料"を打ち出すことで、問合せのハードルを下げることができます。

④　緊急性のあるキーワードを入れること

　「駆け込み」等の緊急性の高いキーワードを入れることで、緊急性の高いニーズを持ったお客様の目に留まりやすくなり、問合せを獲得しやすくなります。

⑤　限定感を訴求すること

　「毎月○社限定」等、限定感を訴求することで、「早く問合せをしな

いと」と、問合せへモチベートすることができます。

⑥　具体的な数字を入れること

　実際の価格等を掲載します。

⑦　問合せやWEB検索等の行動を促すこと

　ダイレクトメールには必ず電話番号、検索したらSEO１位に自事務所ホームページがあがってくるキーワード、スマートフォンで読み取るとホームページに直接アクセスできるQRcode等を掲載します。

2.　図、イラスト、写真を活用する

　文字ばかりのダイレクトメールは読みにくく、読まれにくいダイレクトメールになります。ホームページと異なり、掲載できる情報量は紙面面積によって限られてしまいますが、そのなかにも必ず図、イラスト、写真を入れるようにしましょう。特に、事務所代表や職員の写真は信頼感を高めることにもつながるので、積極的に掲載するようにします。

　図、イラスト、写真をバランス良く活用することで、空白部分のないダイレクトメールを作成することができます。

3.　実際に成果の出ているダイレクトメールデザイン

　具体的な事例として、実際に創業したばかりの法人（新設法人）に対してお送りして、高い反響を獲得しているダイレクトメールの一例をご紹介いたします。

　新設法人に対して送っているダイレクトメールとしては、３つの種類に分けて集客しています。１つ目が登記してすぐに３週連続で発送しているダイレクトメールで、２つ目が登記後１か月を目途に送っている資金調達需要に向けたダイレクトメール、３つ目が登記後10か月を目途に送っている決算需要に向けたダイレクトメールの３つのパターンを送っています。このダイレクトメールの成果としては送付件数に対して１％の反響率で問合せを獲得し、50％程度の方から顧問契

約を獲得できている手法です。

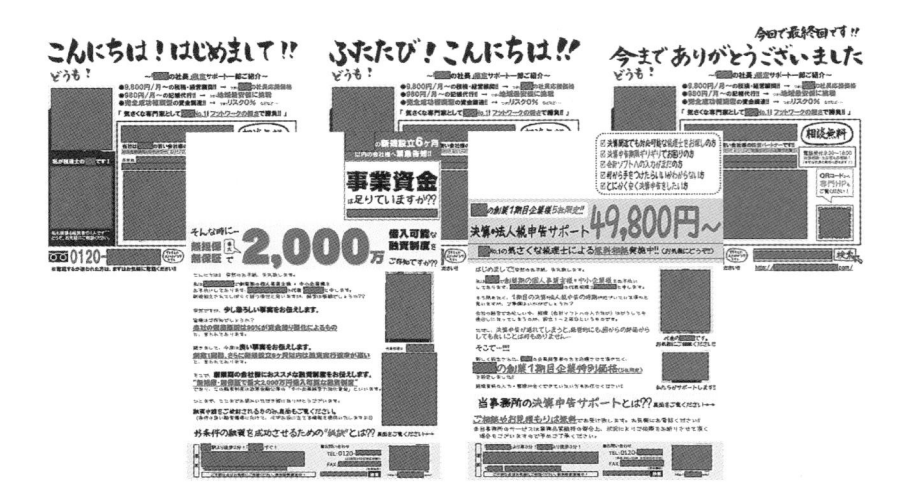

ダイレクトメール編
Ⅳ-24 新設法人向けダイレクトメール

新設法人向けダイレクトメールのポイント

1. 新設法人リストを取得する

2. 1つの名簿に対して複数回アプローチする

3. 時期・季節に応じたニーズを押さえる

1. 新設法人リストを取得する

　新設法人に向けてダイレクトメールを送るための新設法人リストを取得する方法は主に3つあります。

①新設法人名簿販売業者からの購入

②国税庁法人番号公表サイトからの住所、法人名の取得

③新設法人リストを公表している個人ブログからの取得

　新設法人リストを取得する際には、事務所の予算、体制にあった方法を選ぶことがポイントとなります。

　新設法人名簿販売業者からの購入の場合、一定のコストがかかりますが、いち早く新設法人の名簿を取得することができます。

　国税庁法人番号公表サイトからの住所、法人名の取得の場合、コストはかかりませんが、登記から公表までのタイムラグがあるため、設立直後のダイレクトメール送付には向きません。

　新設法人リストを公表している個人ブログからの取得の場合、コストをかけずに登記直後の公開情報を取得することが可能ですが、毎日更新される情報を都度ダウンロードする必要があります。1人事務所で所長が忙しい場合には向きませんが、職員が対応可能であれば、最もローコストな方法です。

2.　1つの名簿に対して複数回アプローチする

　新設法人に向けたダイレクトメールは、さまざまな業種の事業者が発送しています。特に設立直後には大量のダイレクトメールが届くため、設立直後だけダイレクトメールを発送した場合、ほかのダイレクトメールに紛れてお客様の目に触れない可能性があります。また、設立直後は事業主も忙しく、ダイレクトメールに目を通さないことも考えられます。

　では、発送のタイミングをずらして送ればよいかというと、1回だけでは十分な反響を得ることはできません。前述したとおり、ダイレクトメールは複数回送付することで、接触頻度が高まり、事務所への信頼度が高まります。設立直後のダイレクトメールも、設立1週目、2週目、3週目と3回送付することがおすすめです。3回送付することで反響率が高くなります。また、後述する、設立時期に応じたダイレクトメールや季節に応じたダイレクトメールを送付することで、年間通じてアプローチすることができ、接触頻度を高めることができます。

3.　時期・季節に応じたニーズを押さえる

　新設法人には設立からの時期に応じたニーズがあります。そこで、それぞれの時期に応じたニーズを押さえたダイレクトメールを送ることが重要となります。

　例えば、設立2〜3か月目には創業融資ダイレクトメールを送付します。設立から2〜3か月経ってくると、予定どおりに売上が上がっておらず、資金繰りに不安を抱えはじめる事業主もいます。また、創業融資は、設立4か月以降になると、実績で融資可否を判断されるようになるため、設立3か月目は事業計画で創業融資を受けられる最後のチャンスです。事業主のニーズを突き、最後のチャンスをアピール

することで、問合せ獲得につなげることができます。

　設立10か月目～11か月目には決算申告ダイレクトメールを送付します。初めての決算のタイミングは、まだ顧問税理士をつけていない新設法人を獲得する、設立後1年間では最後の機会です。

　また、新設法人には季節に応じたニーズもあります。創業補助金公募期間発表後には創業補助金ダイレクトメール、毎年2月中旬には確定申告ポスティングダイレクトメールを送付すると、お客様のニーズに刺さり、反響を得ることができます。

紹介チャネル開拓編
Ⅳ-25 紹介チャネル開拓とは

☞Ⅵ❹（232ページ）

チャネル開拓のポイント

1. ターゲットとの接点を持っていそうな候補先を洗い出す

2. 提携先は1社に限定せず、複数社つくる

3. 段階を踏んで関係性をつくる

　新規顧客開拓における集客手法の1つとして、「紹介チャネル開拓」があります。これは、旧来型の「顧問先からのご紹介」とは異なり、お互いが積極的に新規顧客を紹介しあうパートナーを作っていく集客手法です。紹介チャネルが増えれば増えるほど、新規顧客が増えていく仕組みが大きく拡がっていきます。

　それでは、紹介チャネルの開拓方法をご説明します。

　紹介チャネルの候補となる相手としては、会社設立を扱っている司法書士、行政書士の方、オフィス物件を扱う不動産賃貸業者、オフィス機器のレンタルを扱うOA機器取扱業者などが創業企業を対象とする企業の紹介チャネル先として挙げられます。

1．ターゲットとの接点を持っていそうな候補先を洗い出す

　まずは紹介チャネル候補を洗い出すことが必要です。紹介チャネル候補と考えられるのは、自事務所のターゲットと候補先の顧客層が一部でも重なる場合です。自事務所のターゲットと接点を持っている可能性があるところを、すべて紹介チャネル候補として洗い出してみましょう。

　自事務所のターゲットを新設法人とする場合、新設法人はオフィスを借りることが多いと推測できます。そこで、不動産仲介業者が紹介チャネル候補に挙げられます。また、飲食店であれば、厨房機器を購

入することも考えられるので、厨房機器販売業者も紹介チャネル候補
になります。

　ターゲットが相続人の場合なら、お葬式にまつわる、葬儀社、斎場
も紹介チャネル候補になります。

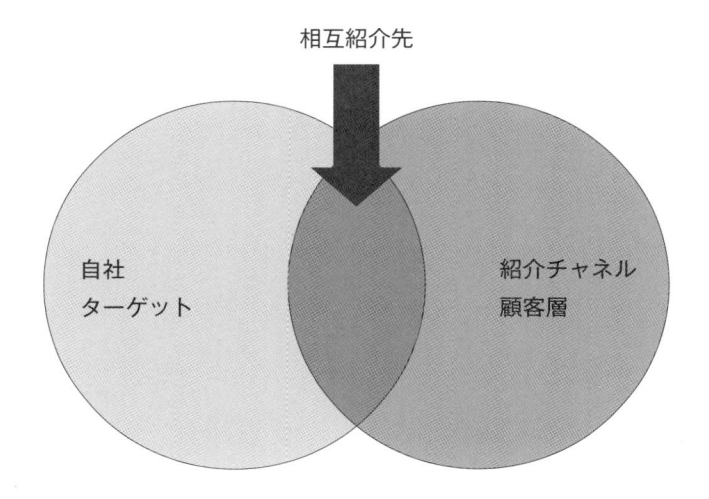

2．提携先は1社に限定せず、複数社つくる

　紹介チャネルからの紹介件数は、紹介チャネル数が多ければ多いほ
ど増加します。つまり、提携先は複数社持った方が、比較的安定して
紹介をもらうことが期待できます。

　よく聞くのは「提携先は各業種1企業が基本」という考え方ですが、
そんなことはありません。司法書士事務所などでは、多数の税理士事
務所とつながっていることも多々あります。提携先が多いと、前述の
とおり安定した紹介が発生するので、提携先は同一業種であっても複
数社つくる方がよいのです。

3．段階を踏んで関係性をつくる

　新規顧客の開拓と同様に、紹介チャネル開拓においても営業設計を
行うことが重要です。知人友人の会社ならば、相互紹介を行うパート

ナーになるという話も比較的スムーズにできますが、一見の会社の場合、いきなりパートナー提案をしても、話をのんでもらえる可能性は高くありません。

　まずは、チラシやダイレクトメール等で接触を図り、先方から連絡があったら提案資料を持って訪問します。先方の業種が何であろうとも、先方のメリット（こちらからの顧客の紹介等）を切り口に、一歩ずつ着実に関係性を築いていきましょう。

紹介チャネル開拓編
IV−26 紹介チャネル開拓の考え方

チャネル開拓の考え方のポイント

1. 既存顧問先も紹介チャネルの1つ

2. チャネル開拓にも営業設計が必要

3. 相手のメリットを訴求する

1. 既存顧問先も紹介チャネルの1つ

　前項で説明したように、紹介チャネル開拓にあたり最初に行うのは候補先の洗い出しです。この場合、他士業、他業種の企業等が真っ先に思い浮かぶかもしれませんが、B to Bマーケットにおいては、既存顧問先も紹介チャネル候補になります。

　お客様ということで、最初から候補から排除してしまう方もいますが、社長は社長の知人・友人が多く、起業家は起業家の知人・友人が多いものです。つまり、既存顧問先もまた、自社ターゲットと接点を持っている候補先の1つなのです。既に関係性ができているため、チラシやダイレクトメールによる関係性開拓の必要はなく、むしろ比較的取り組みやすい紹介チャネル開拓といえるかもしれません。

　従来の自然発生的な紹介と違うのは、「商談」としてきちんと顧問先に紹介を依頼するという点です。したがって、まずは相手のメリットを訴求することから始まります。一番わかりやすい顧問先のメリットは、顧問料金が安くなることです。

　例えば、紹介件数に応じた顧問料金の割引等を設け、紹介キャンペーンと銘打ってチラシ等を作成し、顧問先に渡すことで、顧問先からの紹介発生が見込めます。顧問先の件数が十分にあり、きちんと紹介促進をすることで、安定的に紹介を発生させることができます。

2．チャネル開拓にも営業設計が必要

　候補先をいきなり訪問して提案をしても、望むような関係を構築するのは容易ではありません。チャネルを開拓するにも、営業設計をし、段階を踏んで関係性を構築することがポイントです。

　具体的な内容は次項で述べますが、大まかな流れとしては、①アライアンス先の選定、②提案書もしくはアンケートの送付、③返信用紙戻り先に架電、④面談→提携、⑤紹介促進ツールの配布依頼、といった手順で進めると、候補先との話が進めやすくなります。

3．相手のメリットを訴求する

　チャネル開拓の際に意識すべきポイントは「相手のメリットを訴求する」ということです。こちらの目的は、新規顧客を紹介してくれるチャネル先とのアライアンス（協力関係）提携ですが、先方に頷いてもらうためには、先方のメリットを訴求し、納得してもらう、あるいは提携したいと思わせる必要があります。

　例えば、金融機関が相手の場合は、金融機関にとってのメリットとなる融資案件紹介を切り口に提案をします。不動産業者が相手の場合は、資金不足で賃貸契約を結べない顧客に対する資金調達サポート、不動産営業マンのための勉強会を切り口に提案します。内装工事屋や、機器販売屋に対しては、資金不足で購入が難しい顧客に対する資金調達サポート、紹介に対して紹介料を支払うことを切り口に提案します。

　材料は何であれ、とにかく相手にとってアライアンスを組むメリットを感じさせることが重要です。

紹介チャネル開拓編
Ⅳ-27 紹介チャネル開拓の流れ

チャネル開拓の流れのポイント

1. アンケート形式ダイレクトメールを入口に関係をつくる
2. 提案書を持って訪問する
3. 紹介促進ツールの配布を依頼する

1. アンケート形式ダイレクトメールを入口に関係をつくる

　チャネル開拓で重要な考え方は「とにかく相手のメリットを訴求する」ということです。そこで、「私たち（税理士事務所）から貴社に顧客を紹介させていただけませんか？」という切り口から話を進めていくと、第一関門であるアポイント取得につながりやすくなります。

　いきなり電話でアポイントを取ることも不可能ではありませんが、事前にアンケート形式のダイレクトメール（郵送またはFAX）を送付しておくことで、よりアポイントを取得しやすくなります。例えば、新設法人マーケティングに取り組んでいて、チャネル開拓先を不動産業者としている場合、ダイレクトメールで訴求することは3点です。

① 　新規開業されるお客様から多くの問合せをいただいているということ（自事務所の強み）

② 　顧客に紹介できる不動産会社を探しているということ、また、貴社で契約するお客様への融資サポートができるということ（相手のメリット）

③ 　相手に「はい」と答えさせるアンケート項目（返送アクション）

　①においては、新規開業者向けホームページのキャプチャーを掲載する等、実際の自事務所の取組みを「見える化」することで、説得力を増すことができます。③の「はい」と答えさせるとは、提携に対し

139

て肯定的な答えをするように誘導するということです。質問文の例は、以下のようなものになります。

【Q1】ビジネスをされるお客様をお手伝いしたい項目はありますか？

【A1】資金調達／資金繰りサポート／情報提供のためのセミナー

【Q2】貴社が税理士事務所と協力し合うことについてのお考えをお聞かせください

【A2】サービス強化のために協力を検討したい／今のところ協力の必要性を感じない

より多く肯定的な回答をさせることで、アンケートを返送するモチベーションを上げることにもつながります。

2．提案書を持って訪問する

アンケートの返送があった先に対しては、できるだけ早急に返送のお礼として電話をかけます。その際にも、相手のメリットである「顧客に紹介できる不動産会社を探している」「貴社で契約するお客様への融資サポートができる」といったことを改めて口頭で伝え、訪問のアポイントへつなげます。アポイントが取得できたら、できる限り決裁権のある人物と会えるようにするのが大切なポイントです。

アポイントを取得したら、提案書を持って訪問します。提案書には、相手のメリット、アライアンスを組んだ場合の協力関係のイメージ等をわかりやすく記載します。

3．紹介促進ツールの配布を依頼する

無事にアライアンス提携の話がまとまった場合も、単に紹介をお願

いするだけでは、先方もお客様に貴事務所を推薦するのは難しいかとも思われます。そこで、先方のお客様向けに、どのようなサービスの提供が可能なのか、そのサービスによってどのようなメリットを享受することができるのかをＡ４サイズ１枚にまとめたチラシを作成し、先方がそれを渡しながら紹介先に提案しやすいようにすることで、紹介発生率がアップします。

　また、紹介を受け身で待つのではなく、まずは自事務所から先方に顧客を紹介することで、互いに紹介しあう流れをつくりやすくなります。相手が金融機関であっても、一般企業であっても、司法書士や社会保険労務士等の他士業であっても、基本的な流れは同じです。

紹介チャネル開拓編
Ⅳ-28 紹介チャネル開拓事例

協業事例の概要

対象：不動産会社

先方の要望：テナント入居案件の受注率アップ

協業内容：融資無料相談

　　　　　　融資サポート

税理士事務所の成果：融資サポートの受注、顧問契約の受注

1．融資が下りずに、物件契約がとん挫する不動産会社の悩み

　どこの地域でも、テナント・事業用店舗に強い不動産会社が高い可能性で存在します。そのような不動産会社の悩みとして挙げられるのが、「物件契約後、経営者に融資が下りず、契約が破たんになってしまう」というものです。

2．ねらい目は融資相談による案件の選り分けと融資支援による通過率アップ

　上記のような悩みを抱える不動産会社に対して、税理士事務所がサポートできることは「無料融資相談」と「融資サポート」です。不動産会社に相談にきた経営者が融資を希望する場合、事前に税理士事務所が無料で融資相談に応じます。そして、事前に日本政策金融公庫や金融機関に打診し、金融機関からの指摘内容とそれに対する具体策を経営者に提案するだけでも、経営者の役に立ちます。また、経営者によっては、事業計画書の作成が苦手な人もいるでしょう。その場合、計画書の作成支援を行うことで、経営者1人が申し込む場合よりも、審査通過率は上がるはずです。無事に審査を通過すれば、その後の顧問契約にもつながっていくでしょう。エリア内で競合している不動産

会社が税理士による無料融資相談をやっていなければ、提携先の不動産会社の競合に対する強みにもなり、お互いに受注を増やすためのタッグを長期にわたって組むことも可能になります。

営業編　☞Ⅵ❷（224ページ）、Ⅵ❸（227ページ）
Ⅳ-29 営業活動で大事なポイント

> **営業活動で大事なポイント**
>
> 1. 早期の段階でお客様を選別しないこと
> 2. 面談率UP、受注率UPのために、「営業の型」を身に付けること
> 3. 営業進捗管理・営業の振返りを継続して行うこと

　集客に成功すると、お客様から問合せをいただくようになります。問合せのルートとしては、ホームページからのメール問合せ、ホームページ、ダイレクトメールを閲覧した方からの電話問合せ、開拓したチャネル先からの紹介、といったものが主になります。

　集客成功後の営業フローは、①**問合せ獲得**、②**面談**、③**受注**の３ステップです。問合せのなかから面談につながる割合を「面談率」、面談を実施したなかから受注につながる割合を「受注率」といいます。営業の公式は、「問合せ数×面談率×受注率＝受注数」です。受注数増加のためには、各項目の数値を高める電話対応、面談対応のコツを知り、継続して各項目数値の振返りを行い、改善につなげることが重要です。

1.　早期の段階でお客様を選別しないこと

　営業の公式で考えると、問合せ件数が決まっている状態で、最も多くの受注ができるのは、全件面談・全件受注（面談率100％・受注率100％）です。当然、理想の公式でしかなく、実際は面談につなげられないこと、受注できないことはありますが、可能な限り面談率を高め、受注率を高めることが、受注件数増加のポイントです。

　面談率、受注率が伸びないと悩まれている場合、その多くの原因は

電話対応時、面談時の早い段階で「お客様を選別している」ということです。特に開業時は、早期の受注数増加、顧問件数増加が必要となりますが、問合せをいただいた時点からお客様を選別してしまうと、全体の受注件数が伸びないばかりか、電話対応の力、営業の力が身に付かず、結果的に事務所の売上を上げられるタイミングが遅くなります。

　開業当初の段階では、できるだけお客様の選別はせず、全件受注するつもりで営業をしていくことが重要です。

2. 面談率UP、受注率UPのために、「営業の型」を身に付けること

　営業には、ある一定の「型」と呼ぶべきものがあります。この「型」を知らないまま営業を行うと、単なる相談対応で終わってしまいます。面談率UP、受注率UPのためには、「営業の型」を身に付けることがポイントです。

　詳しくは次項よりご説明しますが、慣れるまでロールプレイング形式の練習を繰り返すことで、初回の電話対応、面談対応からスムーズに行うことができます。

　守・破・離という言葉があるように、初心のうちはまず「営業の型」を守り、徹底的に再現することが、早期面談率UP、受注率UPへの近道です。

3. 営業進捗管理・営業の振り返りを継続して行うこと

　集客に成功すると、問合せ件数が増加します。また、営業を開始すると、営業中の案件と完了した案件が出てきます。営業中の案件のなかでも、面談日待ちの案件、お客様が面談日程調整中の案件、面談して再面談が決まった案件、相見積りになった等フォローが必要な案件など、様々な段階のものが出てきます。ミスや漏れなく個々の案件に対応し、受注数を増加するためには、営業の進捗をしっかりと管理す

ることが重要です。

　また、面談率、受注率を高めていくために、月に1回程度、営業の振返りを行うことも重要です。なぜ面談につながったのか／つながらなかったのか、なぜ受注できたのか／できなかったのかを振り返ることで、次回に活かすことができます。

　常に進行していく営業をしっかり管理し、継続して振返りを行うことで、さらなる面談率UP、受注率UPにつながります。

☞Ⅵ❹（232ページ）

営業編
Ⅳ-30 営業の考え方

営業の考え方のポイント

1. 問合せ・面談は「相談を受ける場」ではなく「貴重な営業機会」 ととらえること
2. 少しの受注率の差が大きな成果の差を生み出すことを理解する
3. 面談率、受注率をKPIとして管理すること

1. 問合せ・面談は「相談を受ける場」ではなく「貴重な営業機会」

　問合せ1件の獲得には、理想的な金額でも5千円から1万5千円程度のコストがかかります。そう考えると、問合せ1件1件が貴重な営業機会といえます。

　そのなかで、電話対応時、面談対応時に、お客様の相談にお答えするだけで終わってしまうようなことがあると、そこまでにかけたコストが水の泡になってしまいます。

　お客様のなかには「無料相談」という言葉に反応して、依頼する気はないが相談だけしたい、という人が来てしまう可能性もありますが、まずは、問合せ・面談を貴重な営業機会ととらえ、どうしたら受注につなげることができるかを追求していくことが重要です。

2. 受注率の差が大きな成果の差を生み出すことを理解する

　最近は、複数事務所に問合せしたうえで、比較検討をするお客様が増加しています。それに伴い、問合せから受注につながる率は低下傾向にあります。

　少しでも高い受注率を保つことができるかどうかが、大きな成果の

差につながってくることになりますが、受注率を70%で保てた場合と、受注率が30%にとどまった場合、それぞれの営業フローを因数分解すると下図のようになります。

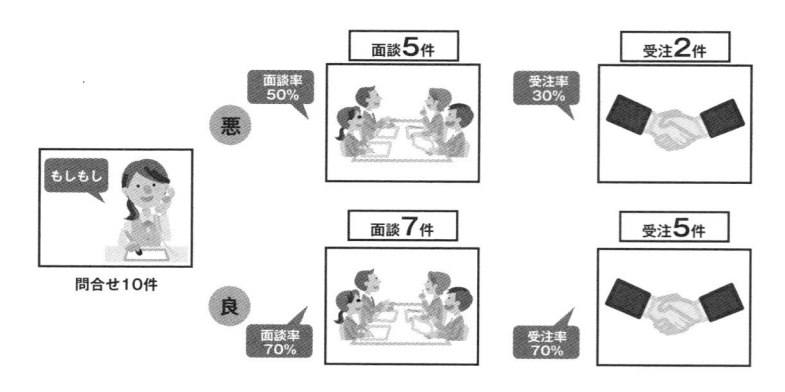

　仮に平均の面談率50%、受注率30%であった場合、月間10件問合せを受けても、そのうち５件しか面談につながらず、そこからは多くても２件しか受注につながりません。

　一方、安定的に面談率70%、受注率70%である場合、月間10件問合せを受けると、そのうち７件が面談になり、そのうち５件が受注につながります。

　結果として受注件数で月３件の差が出ます。

　仮に平均顧問料（約30万円）で計算してみると、月３件の受注を逃した場合、月間120万円の損失、年間1,440万円の損失という計算になります。

　受注率はパーセンテージで変動するため、受注率の高低の差が最終的な成果の差として大きく影響してしまうことがおわかりいただけたことかと思います。

3.　面談率、受注率をKPIとして管理すること

　前述したように、営業フローを因数分解すると、面談率、受注率の差によって、受注額に大きな差が生まれることがわかります。損失を

生まないためには、問合せ件数、面談数、受注数を管理し、月々の面談率、受注率を計測し続けることが重要です。

　まずは面談率70%、受注率50%をKPIとし、その数値に達成していない場合は原因の振返りを行い、次の営業機会に活かすことで、面談率、受注率を高め、安定させることが可能です。

　電話対応、面談対応を重ねると、営業の技術が向上してくるようになります。

　定期的に面談率、受注率をチェックすることで、よい営業ができているかどうか、営業に課題がある場合は何が問題なのかを確認することができます。

　また、職員を採用し、所長以外に営業担当者が増えた場合、各個人の面談率、受注率も追うようにしてください。

　個人によって面談率、受注率にばらつきが出ることが予想されますので、月々の営業会議等で、改善について検討を行っていくことが安定した成果を出していくことにつながります。

営業編
Ⅳ-31 営業の流れ

営業の流れのポイント

1. 問合せ→面談→（後日フォロー）→受注の流れで進める

2. 問合せの70%を面談につなげる

3. 面談の50%を受注につなげる

「営業」と聞くと、「飛び込み営業」「セールスコール」などが思い浮かぶかもしれませんが、税理士業界の営業は上記とは異なります。

1. 問合せ→面談→（後日フォロー）→受注の流れで進める

税理士業界のメイン商品である顧問契約は、高単価・長期契約（長い付き合い）です。イメージとしては、家や自動車を買うことに近いでしょう。そのイメージを持っていただければわかりやすいと思いますが、会計業界の商品はどちらかといえば「じっくり選びたい商品」です。じっくり選びたい商品を営業し、最終的にお客様に選んでいただくためには、問合せからいきなり受注しようとはせず、**問合せ→面談→受注**の流れで進めます。

また、じっくり選びたい商品であるからこそ、他事務所と比較検討される場合もあります。その場合、面談を行っても即受注とはならず、「一度検討したい」といわれることも多数あります。したがって、その場で即受注にならなかった場合でも、お客様とのコミュニケーションを継続することができるかが重要なポイントになります。

可能であれば、その場で次の面談の予約を取ってしまうのがベストです。それが難しい場合、後日、電話や手紙でフォローを行うことで、再度、面談の機会を得ることができます。1か月～数か月以内には受注につながらない、または、数か月～1年後まで受注の機会はなさそ

うだというような場合でも、事務所通信やメルマガで接触を保つようにします。これにより、お客様に依頼のニーズが高まったタイミングで、再度、問合せをいただく可能性を残すことができます。

2.　問合せの70％を面談につなげる

営業のスタートは、電話・メールでの問合せを受けることという場合がほとんどです（紹介等を除く）。電話・メールでいきなり依頼をされることは、まずありません。また、電話・メールのみで即受注につなげることは非常に困難です。そこで、電話・メールでの問合せを受けたら、まずは面談につなげることが「成功する営業の型」の第1ステップとなります。

実際の問合せでは、「（電話口、またはメールで）料金だけ教えてほしい」「○○はどのような手続を行ったらいいか？（単なる相談)」といった問合せもあります。そのような場合でも面談に誘導するためには、ほんの少しテクニックを使うことが必要です。こちらについては次項以降で詳しくお伝えします。

面談率100％は困難ですが、問合せの70％を面談につなげることは可能です。問合せの70％を面談につなげることを1つのKPIとします。

3.　面談の50％を受注につなげる

面談予約を受けることができたら、実際に会って面談を行います。面談を行い、受注につなげることが第2ステップとなります。

面談には、依頼を前提として来るお客様だけではなく、複数事務所に問合せをして相見積りを取っているようなお客様や、迷いがあり決断が難しい方もいらっしゃいます。面談では、お客様に自事務所を選ばせる（決断させる）テクニックを使うことが必要です。

また、面談を行って即受注となるのが理想ではありますが、なかには「ほかの事務所の面談を受けてから考えます」「帰って妻と相談し

て考えます」などという方もいらっしゃいます。そういったお客様に対しては、一度の面談だけで終わりにせず、後日フォローを行うことが重要です。

　「**面談からの即受注件数＋後日フォローを経ての受注件数**」が、面談を行った件数の50%以上であれば、よい受注率といえます。面談の50%を受注につなげることを2つ目のKPIとします。

営業編
IV-32 電話対応のよくある失敗

電話対応のよくある失敗

1. 電話だけで終わってしまう
2. 電話口で相談に答えてしまい、面談に誘導することができない
3. こちら主導の電話対応ができていない

　かかってきた問合せ電話のうち70％を面談につなげる、ということが営業の第1ステップになります。

　電話対応のコツを知らない事務所の場合、これからお伝えするような失敗事例を重ね、貴重な営業機会を損失してしまっているケースがよくみられます。まずは電話対応の失敗例を知り、失敗例と同じ対応をしないということが、営業機会損失を防ぐ第一歩になります。

1. 電話だけで終わってしまう

　一番もったいない電話対応は「電話だけで終わってしまう」というものです。電話対応は、受注につなげる営業の3ステップ「①問合せ獲得、②面談、③受注」における、①から②につなげる第一の要になります。この第1ステップで終わってしまうと、②から③につながる可能性を失ってしまうことになります。

　ホームページやダイレクトメールでは「無料相談受付中」という打出し方をしますが、電話対応は、「無料相談を受ける場」ではなく、「アポイントを取得する場」ととらえることが重要です。「無料で相談できる」と単なる相談電話をかけてきた人であっても、相談対応だけで終わらせず、必ず面談に誘導するようにします。

2. 電話口で相談に答えてしまい、面談に誘導することができない

　お問合せ電話のなかには、ホームページに掲載しているサービスや情報に関連する単なる質問電話（「○○って自分でもできますか？」「うちの場合の料金はいくらになりますか？」等）もあります。

　よくある失敗例としては、それらの単なる質問に対し、顧問先からの問合せと同様に電話口で相談に乗り、答えてしまう、教えてしまうということがあります。

　電話口でお客様の質問に答えてしまうと、お客様は満足して電話を切られるでしょう。一見、親切な対応ではありますが、電話対応だけで契約になることは絶対にありません。30万円～の年間報酬につなげることができたかもしれない機会をみすみす逃してしまったことにもなります。

　電話口で簡単に答えられるような内容であっても、そうすることによって顕在化できていないニーズにお客様自身が気づいたことができたり、事務所のサービスメニューの幅を理解していただけたりすることにつながり、最終的な受注確率が向上します。

3. こちら主導の電話対応ができていない

　問合せ電話のなかには、自身が知りたいことについて、立て続けに質問をされるケースもあります。場合によっては、お客様の質問の勢いに圧倒されてしまい、お客様主導の流れになってしまいそうになることもあるかと思います。ですが、お客様主導になってしまうと、前述のようなお客様が知りたいことだけ質問して終わってしまう、という流れにもなりやすくなります。また、その後、面談につながった場合も、こちら主導での営業をやり難くなってしまうため、電話対応時から、こちら主導の流れにしておくことがポイントです。

営業編
Ⅳ-33 電話対応のポイント

電話対応のポイント

1. 電話対応の目的は「面談アポイントを取る」こと
2. 感じのよい電話対応でお客様を逃さないこと
3. こちらから質問、提案をし、主導権を握ること

1.　電話対応の目的は「面談アポイントを取る」こと

　電話対応の目的は、"面談アポイントを取る"ことだけです。電話口でお客様を選別したり、お客様の相談に答えたり、サービスの詳細について伝えたりしてしまうと、面談率70％を達成することはできません。

　電話口で聞いた限りだと案件になりにくいと感じる場合や受注につながるまで時間がかかると感じる場合でも、少しでも案件へとつながる可能性があるならば、全件面談アポイントを取ることをめざします。

　例えば、「設立手続だけを依頼できる先を探している」という問合せがあった場合、その言葉をそのまま捉えると依頼確度の低い問合せだと思われますが、実は税理士のサービスを詳しく知らないだけ、ということもよくあるのです。

　そうした場合、実際に面談の場で資金繰りシミュレーションを行ったら、1年以内に資金不足に陥る可能性があることがわかり、融資サポート＋顧問契約を依頼された、といったケースもあります。

　また、面談アポイントを取るための方法として、「電話対応で相談に乗らない」ということもポイントもあります。電話対応のよくある失敗として「電話口で相談に答えてしまい、面談に誘導することができない」という例をお伝えしましたが、それを防ぐルールとしては

「ホームページからの問合せについては、相談窓口ではなく相談予約窓口として対応する」など、相談窓口にはならないことをはっきりとお伝えしたうえで対応するという方法もあります。

▎2.　感じのよい電話対応でお客様を逃さないこと

　感じのよい電話対応でお客様を逃さないことは、電話対応にあたっての基本中の基本です。たかが電話対応と思われるかもしれませんが、「電話対応の印象がよかったから、他社ではなく御社に決めた」というケースはよくあります。

　問合せをしてくるお客様は基本的にお困りごとを抱えていますが、まずは依頼するかどうかを見定めたいと考えています。そんなとき、電話対応の第一印象が悪いと面談につながりにくくなってしまいます。また、面談につなげられた場合でも、心理学で初頭効果といわれているように第一印象は残りやすく、その後の面談にも影響してくることが考えられますので、よい印象を与えることは重要です。

　上記を踏まえたうえで、丁寧な電話対応を心がけるようにします。押さえておきたい具体的なテクニックは、①１トーン高い声で応対する、②素早く電話に出る、③オウム返し対話法を利用するの３つです。

　①の「１トーン高い声で応対する」ですが、人はメッセージの印象を「言葉７％」「声38％」「見た目55％」で判断しているという説もあります。電話口の場合、視覚で判断することができないため、声が最も大きな判断要素となります。１トーン高い声で、明るく話すことにより、よい第一印象を与えることができます。

　②の「素早く電話に出る」ですが、一般企業では３コール以内で電話に出ることが当たり前で、それよりも時間がかかるとお客様に与える印象が悪くなってしまいます。

　③の「オウム返し対話法を利用する」ですが、お客様は「しっかりと話を聞いてくれそうな事務所」を選択します。ですから、ポイント

はオウム返しのような「しっかりとあなたの話を聞いている」サインやポーズが必要です。例えば、「会社を設立したいんだけど、法人化したほうがよいのか、個人事業主のままでいたほうがよいのか、よくわからないんだよ」とおっしゃられた場合は、「そうでしたか。法人化するか、個人事業主を継続するかどうかお悩みになられているんですね」と返すことで、しっかりと自分の話を聞いてくれている、と感じさせることができます。

3.　こちらから質問、提案をし、主導権を握ること

　一方的にまくし立ててくるお客様には、こちらから質問をすることで主導権を握ることができます。主導権を握ることで、面談アポイントも断られにくくなります。

　例えば、面談日を決める際にも、「いつがいいですか？」と尋ねるのではなく、「〇月〇日〇曜日の11時〜 12時の間で１時間程度、ご都合いかがでしょうか？」とこちらから提案することがポイントです。

　その際、考えておかなくてならないポイントは、お客様は、それほど先の予定を考えて電話をかけてきてはいないということです。そんなとき、お客様が希望される場合は別ですが、１週間以上の先の予定を入れてしまうと、後日のキャンセル率が上がってしまいます。そのため、できれば３営業日以内にアポイントを入れるようにしましょう。

営業編
Ⅳ-34 電話対応ツール

> **電話対応ツールのポイント**
>
> 1. 職員でも対応可能な体制づくりの一環として、ツールを用意すること
> 2. 電話ヒアリングシートを用意しておくこと
> 3. 所長・営業担当者のスケジュールを「見える化」しておくこと

1. 職員でも対応可能な体制づくりの一環として、ツールを用意すること

　開業当初は所長が電話対応をすることになりますが、職員を採用したら、電話対応は積極的に職員に委譲したい仕事です。そこで、最初から職員でも対応できるように、電話対応ツールを用意しておくことがお勧めです。ツールを整備し、職員でも対応可能な体制を整えることで、電話対応をしやすくなり、同時にヒアリング漏れの防止や電話対応の型崩れ防止にもつながります。

　例えば、電話に出た際のポイント（目的は面談アポイント取得、1トーン高い声で、等）を箇条書きにした紙を電話付近に貼っておくことで、電話対応技術の品質維持、レベルアップにつながります。また、自分自身の電話対応技術向上にも一役買ってくれるはずです。

　また、事務所の位置が少しわかりにくい場所にある場合、お客様に場所を説明する機会は多くなります。その場合は、わかりやすい場所から事務所までの説明の仕方を書いたシートを用意しておくことで、毎回の説明がスムーズにできるようになります。

　電話対応のフローを記載したシートを用意しておけば、電話に誰が出るかにより生じる差が小さくなるとともに、電話対応の型から崩れ

ることもなくなります。

2．電話ヒアリングシートを用意しておくこと

　問合せを受けるにあたっては、こちらのようなヒアリングシートを
用意しておきましょう。

```
                                          受付：平成　　　年　　　月　　　日
                                          電話担当：

                          ～創業客向け～

  1．基本情報
┌─────────────────────────────────────────────────────┐
│●内容：会社設立（株式・合同・未定）　・　資金調達（融資・補助金・助成金・未定） │
│                                                     │
│　　　　申告（法人・個人）　　　・　記帳代行　・　その他経理代行（　　　　　　） │
│                                                     │
│　　　　税務調査　・　税理士変更（検討理由：料金・サービス・廃業・その他）   │
│                                                     │
│　　　　その他（　　　　　　　　　　　　　　　　　　　　　　　　　　　　　） │
│                                                     │
│●詳細：                                              │
├─────────────────────────────────────────────────────┤
│●問い合せのきっかけ：　HP　・　DM　・　紹介（　　　）・その他（　　　） │
├──────────────────────────┬──────────────────────────┤
│●氏名：                      │●法人名：                    │
├──────────────────────────┼──────────────────────────┤
│●電話：                      │●エリア：                    │
└──────────────────────────┴──────────────────────────┘

  2．ヒアリング項目
┌──────────────────────────┬──────────────────────────┐
│●設立希望日：                │●資本金：                    │
├──────────────────────────┼──────────────────────────┤
│●事業：                      │●資金調達希望額              │
├──────────────────────────┼──────────────────────────┤
│●年商：              万円     │●人数：                  人   │
├──────────────────────────┴──────────────────────────┤
│●備考：                                              │
└─────────────────────────────────────────────────────┘

  3．結果
┌──────────────────────────┬──────────────────────────┐
│●結果：　面談　・　後日連絡　・　終了 │●面談日：　　月　　日　：　～ │
├──────────────────────────┴──────────────────────────┤
│●振り返り：                                          │
│                                                     │
│                                                     │
└─────────────────────────────────────────────────────┘
```

電話ヒアリングシートを作成する際に押さえるポイントは、以下の３つです。

① 　ヒアリング漏れをなくす

② 　マーケティング精度向上に活かす

③ 　面談担当者へスムーズに引き継げるようにする

①の「ヒアリング漏れをなくす」ためには、ヒアリングしておくべき事項をシート記入項目として用意しておきます。基本情報として最低限記載枠を用意しておきたいのは、問合せ内容、問合せのきっかけ、氏名、法人名、エリア、電話番号です。

②の「マーケティング精度向上に活かす」ためには、問合せルートのヒアリング項目を設けます。問合せルートにはホームページ経由、ダイレクトメール経由、紹介等がありますが、電話対応時のヒアリングからそれぞれの件数を正確に把握することにより、マーケティングの媒体別費用対効果を把握し、改善につなげることが可能になります。

ホームページ経由の場合は検索エンジン（GoogleかYahoo!か）、検索キーワードのヒアリングも行うことで、WEBマーケティングの精度向上につなげることができます。

ダイレクトメールの場合（複数種類を配布している場合）は、どのダイレクトメールを見て問合せをしてきたのかをヒアリングすることで、各ダイレクトメールの反響率をチェックすることが可能です。

③の「面談担当者へスムーズに引き継げるようにする」ためには、基本情報以外にもヒアリング項目を用意し、事前に情報を収集しておきます。例えば、新設法人の場合ならば、設立希望日、資本金、事業内容、資金調達希望額、年商、人数等です。

3. 所長・営業担当者のスケジュールを「見える化」しておくこと

１人事務所の場合は、電話対応者＝面談担当者になるので、自分の手帳を開けば面談日を提案することができますが、複数名事務所にな

り、電話対応者が所長以外になる場合は、所長・営業担当者のスケジュールを見える化しておくことが重要です。

　電話対応時のポイントの1つは、先述のとおり面談日を提案することです。すぐに面談日を提案できるようにするため、事務所の共有カレンダーを用意しておきます。壁掛けカレンダーや卓上カレンダーでも構いませんが、Googleカレンダー等クラウド上で共有できるカレンダーアプリケーションを利用することで、外出先で急に予定が入っても、リアルタイムで職員とスケジュールなどを共有することが可能になります。

営業編
Ⅳ-35 接客・面談の基本

接客・面談のポイント

1. 第一印象は"見た目"が勝負
2. ビジネスマナーによって事務所のレベルが図られる
3. 接客・面談にふさわしい身だしなみ

　苦労して問合せを獲得し面談まで至っても、接客で幻滅されては元も子もありません。信頼を寄せられる事務所としてお客様に安心いただけるように、細部にまで気配り・心配りをします。

1. 第一印象

　事務所の第一印象は先生だけで決まるものではありません。事務所がある建物・玄関・面談場所、そしてスタッフの対応まで、すべてが含まれます。

① **事務所の第一印象**

　　（建物などのハード面は差し置き）お客様をお迎えする受付は、清潔に整えておくことはもちろん、入口にその日ご来所いただく方のお名前を記したウェルカムボードを置くなど、良い印象を与える工夫を施しましょう。また、お客様にリラックスしてお話いただけるように、面談室に花を飾ったり、コーヒー以外にも数種類の飲み物をメニューとして用意する等もおすすめです。

② **スタッフの第一印象**

　　最初に対応するスタッフの方の身だしなみも非常に大切です。パート・アルバイトという雇用形態の違いは、お客様にとって関係ありません。明るく「いらっしゃいませ」「こんにちは」といった挨拶ができることはもちろん、服装や髪型に清潔感があり、お

客様に対しては笑顔で接するようにスタッフを指導することも所長としての重要な役割の1つです。

③　先生の第一印象

初めて会った人への第一印象は5〜6秒で決まり、その印象のうち55％は視覚、38％が聴覚、7％が言語から得るという説があります。つまり、よい印象を与えるということにおいては、どんな面談ツールよりも相手からの見た目が重視されるということです。

相手の年齢・性別によっても見た目から抱く印象は異なりますので、実際にお客様にお会いする前に、できるだけ複数のスタッフに第三者視点でチェックしてもらうこともおすすめします。

2．ビジネスマナー

所長だけではなく、スタッフのビジネスマナーによっても事務所のレベルが測られてしまいます。下記のポイントをご確認いただき、ビジネスマナーを見直すきっかけとしてください。

①　座席

一般的には、入口から一番遠い席が上座となりますので、そちらの席にお客様にお座りいただきます。飲み物をお出しする際もできるだけ上座から行います。接客でよく用いる面接スペースや応接室などでの上座・下座については、日頃からスタッフ全体で認識を共有しておくとよいでしょう。

②　名刺交換

名刺交換は、目下の人から目上の人にお渡しします。お客様にご来所いただいた際はこちらから先に渡しましょう。複数名で名刺交換を行う場合は、職位の高い人同士から順番に交換していきます。本来テーブル越しでの名刺交換はNGですが、面談室に十分なスペースがない場合などは「テーブル越しで失礼します」と

一言お詫びしてから行うようにしましょう。

③　**お見送り**

　　ご来所いただいたことへの感謝を込めて、丁寧なお見送りで応対の最後を締めくくりましょう。面談が終了した後、お客様が帰り支度を終えて席を立つまでは座って待ちます。先に立ってしまうとお客様に急かすような印象を与えてしまいます。退室される際は、外開きのドアならば先に出てドアを押さえてお待ちし、内開きならばドアを押さえてお客様に先に退室いただきましょう。お見送りは事務所玄関までではなく、エレベーターホールや建物の外まで行うと、より丁寧な印象を与えることができます。

3.　接客・面談にふさわしい身だしなみ

　税理士、事務所職員としてふさわしい身だしなみについて、こちらのチェック項目に照らし合わせながら確認しましょう。

■男性

①前髪は目にかからない長さになっている
②サイドの髪で耳が完全に隠れていない
③バックの髪がシャツ等の襟にかかっていない
④眉毛は自然な太さである
⑤ひげがきれいに剃られている
⑥スーツ・シャツに汚れやシワがない
⑦ネクタイが曲がっていない
⑧スラックスは綺麗に折り目をつけておく
⑨ビジネスカバンを利用している
⑩靴は汚れていない（磨かれている）

■女性

	①お辞儀をしたときでも前髪が顔にかからないようにする
	②ノーメイクではない
	③健康的な印象を与える化粧をしている
	④服に汚れやシワがついていない
	⑤マニキュアは、肌の色に近いものをつけている
	⑥短いスカートノースリーブなど肌を露出しすぎていない
	⑦ストッキングは伝線していない
	⑧派手な靴や、サンダルを履いていない

■頭髪

	フケが出ていない
	整髪料をつけすぎずまとまっている
	派手な色に染めていない
	染めた色と地毛の色がムラになっていない

■手

	爪は切りそろえられている
	袖に隠れず、手は手首の先からしっかり出ている

■口

	食後の後に歯を磨いている
	口臭がない
	マスクをつけたまま接客をしていない

■その他

	華美なアクセサリーをつけていない
	めがねのフレームはシンプルなものをつけている

営業編
Ⅳ-36 営業面談のよくある失敗

営業面談のよくある失敗

1. 言葉どおりの"無料相談"で終わってしまう

2. 面談に１時間以上かかってしまう

3. ツールを使用せずに面談を行ってしまう

1. 言葉どおりの"無料相談"で終わってしまう

　面談で一番もったいないパターンは、言葉どおりの"無料相談"で終わってしまうことです。所長の時間当たり生産性はいくらでしょうか？　仮にそれが１万円だとすると、無料相談１時間で終わってしまった場合、それは１万円の損失だといえます。

　繰り返しになりますが、面談＝営業の機会です。相手が相談だけしたいという姿勢であっても、こちらから提案することは必須です。そのためには、提案しやすい体制を整えておくことが重要になります。

2. 面談に１時間以上かかってしまう

　適切な面談時間は１時間です。それ以上時間をかけた面談は、一見親身なようで、相手と自身の時間を奪っているといえます。１時間で受注につなげるためには、事前に話す項目と、適切な時間配分を考えておく必要があります。

　会計業界のサービスは、新設法人や相続客など、会計業界に馴染みのないお客様にはわかりにくいものです。そのため、サービス内容についての質問、説明で時間を使いすぎてしまうケースも多いかと思います。そこで、サービス内容が一目瞭然な営業ツールを用意しておけば、質問の回数を減らし、説明に割く時間を短縮することができます。

3.　ツールを使用せずに面談を行ってしまう

　創業支援サービスを提供する起業家にとって、税理士のサービスは目に見えるものではなく、また多くの人が利用したことのない商品であるため、「何をサポートしてくれるのか？」ということがわかりにくいサービスです。

　また、お客様の状況、依頼したいサービスの幅によって、料金が変わってくる場合がほとんどであるため、口頭によるサービス内容・料金の説明では伝わり難く、誤解を招くこともあります。

　受注につながった場合でも、十分にサービス内容・料金体系が伝わっていないと、「ここまでやってくれると思ったから依頼したのに」「この料金になるとは思わなかった」といったクレームが発生することもあります。

　そのため、面談時にはサービス内容や料金体系を、お客様がわかりやすい形で明示することが必要になります。

　そのために使うものが、サービス内容を紹介したものや料金表といった営業ツールです。ツールを使用することで、視覚的に理解してもらいやすくなると同時に、「サービス内容に対する認識の不一致」というクレーム要因も排除することができます。

営業編
Ⅳ-37 営業面談のポイント

営業面談のポイント

1. 面談は来所型で行うこと
2. 受注率の高い面談フローを抑えること
3. ツールや実際の資料を活用すること

1. 面談は来所型で行うこと

　営業の勝敗要因の1つは"主導権を握れるかどうか"です。主導権を握ることで、強引に売り込まなくても売ることができるようになります。　主導権を握りやすくする1つのポイントは、「場所の優位性を確保する」ことです。場所が人間の心理に与える影響は小さくありません。事務所はお客様にとっては初めての場所ですが、所長・営業担当者にとっては我が家のような場所です。知らない場所、かつ相手の陣地にいる場合、人はその相手の意見に影響を受けやすくなるといわれています。

　したがって、特別な理由がない限り、面談は事務所で行うようにすることで、受注率を高めることができます。

2. 受注率の高い面談フローを抑えること

　面談の型を用意しておかないと、相手の質問に答えているだけであっという間に1時間が経過してしまいます。事前に面談の流れをイメージしておき、その流れに沿って進めるようにすることがポイントです。

　受注率の高い面談フローは、①　アイスブレイク（5分）　→　②ヒアリング（20分）　→　③　方向性の提案（15分）　→　④　選

択肢の提示（10分）　→　⑤　クロージング（10分）です。

①　アイスブレイク

いきなり仕事の話に入ってしまうと相手も構えてしまい、お互いの妥協点を探りながらの前向きなコミュニケーション、本音のやりとりをすることは難しくなります。まずはドリンクをお出しして、世間話などでアイスブレイクを行います。その際、相手と共通点があれば積極的にその話をするようにします。心理学で「類似性の法則」といわれるように、共通点があることで親近感を湧かせることができ、お客様との距離を縮めることができます。

②　ヒアリング

ヒアリングでは頷きながらお客様の話を聞きます。頷く、という「あなたの話を聞いています」という姿勢を示すことで、安心して積極的に話をしてくれるようになります。また、相手の問題を親身になって真摯にヒアリングすることで、お客様も真剣に耳を傾けてくれます。

③　方向性の提案　→　④　選択肢の提示

ヒアリングができたら、お客様の問題解決の方向性を示します。解決の方向性を示すことで、専門家の優位性を感じさせることができます。

問題解決の方向性を示す際、自分（顧客自身）で行う場合の手間についての話をします。会計事務所に依頼する入り口となるサービス（会社設立代行、記帳代行、相続税申告代行等）の多くは代行業です。自分（顧客自身）で行う場合の手間を感じてもらうことで、依頼する理由をつくることができます。

元々の面談の目的に戻りますが、面談の目的は受注につなげることです。お客様の問題解決の方向性にあったサービスを選択肢として提示します。

⑤　クロージング

お客様は一番安く、内容のよいサービスを選びたいと思っているた

め、サービスの提示だけでは、他社との比較の天秤に乗っただけで、確実に選んでもらうことはできません。即受注につながるように、最後に自事務所に依頼すべき理由、今、依頼すべき理由を述べてクロージングを行います。

▎3.　ツールや実際の資料を活用すること

　サービスの説明の際は、実際のサービスのフローを「見える化」したツール、料金表等のツールを活用します。ツールを活用する目的は３つです。

① **説明時間を短縮する**
② **視覚的に依頼すべき理由を伝える**
③ **サービス内容・料金についての誤解のリスクを減らす**

　ツールを活用することで、会話での説明量を大きく省くことができます。１時間という限られた面談時間で、必要な情報を伝えるために、ツールの活用は必須です。

　実際の手間を感じてもらいやすいのは、必要な手続・作業のフローを「見える化」したツール、実物資料を見せることです。同時に、依頼した場合にどれだけ手間がなくなるかが一目瞭然のツールであれば、お客様に依頼する理由を持たせることができます。

　口頭での説明の場合、どうしても相互の認識に齟齬をきたすリスクがあります。ここまでの作業はお客様自身でやること、ここからが当事務所のサービス範囲ということを面談の時点で明示しておくことが、その後、円滑なお付き合いをするポイントです。

　料金についても見積りを出すだけではなく、料金表を提示することがポイントです。売上が上がった場合、仕訳数が増えた場合、従業員数が増えた場合等、様々な場合の料金について、ある程度、お客様自身でシミュレーションすることができ、安心感を抱いてもらうことができます。

営業編
Ⅳ-38 面談ツール

面談ツールのポイント

1. ヒアリングシートはお客様のカルテとなる情報を記載する

2. アプローチブックは内容のフォーマットを押さえ、視覚的に
**　作成する**

1. ヒアリングシートに記載すべき内容

　面談ツールとしてまず使うことになるのが、ヒアリングシートです。ヒアリングシート作成の目的は、お客様の情報を聞き漏らすことなく記録すること、また、営業初心者の担当者に営業を任せていく場合に、お客様にうかがうべきことを伝えるために使用します。

　ヒアリングシートに記載された内容をもとに、その後の営業フォローも行うことになるため、お客様のカルテとしても使えるような内容とします。

　ヒアリングシートに記載する情報としては、創業支援サービスの場合は、会社名、代表者名、住所、連絡先等の基本情報のほかに、設立希望日、自己資金、融資の予定、資本金額、事業目的、役員などの項目としましょう。

　次頁に具体的なヒアリングシートのイメージを掲載しましたので、ご参照ください。

会社設立を検討されている方

株式会社設立ヒアリングシート

1．確認事項

1．代表者名（カナ）＿＿＿＿＿＿＿＿＿＿＿＿　（　　　　）
　　代表者の住所　＿＿＿＿＿＿＿＿＿＿＿＿　（　　　　）

2．設立日　＿＿＿＿年　　月　　日
　　（理由）

3．会社名（商号）

4．本社（本店）住所

5．事業・目的（将来、おこなう可能性のあるものも含む）
　①
　②
　③
　④
　⑤

6．資本金　＿＿＿＿＿＿＿万円　資本金の準備　YES ・NO

7．事業年度　　　月　　日～　　月　　日

8．・取締役以外に設置するもの　□監査役　□取締役会　□

9．取締役の任期　□2年　□10年　□その他（　　年）

10．監査役の任期　□4年　□10年　□その他（　　年）

11．払込銀行　＿＿＿＿＿＿＿＿銀行　　　　支店

12．役員・発起人

氏名	役職	住所	株式数	金額	印鑑証明
①					通
②					通
③					通

2．設立までのスケジュール

・印鑑証明の取得（　通）
　&代表者印の作成：　　年　　月　　日

・定款認証：　　年　　月　　日

・株式払込期日：　　年　　月　　日

・設立登記日：　　年　　月　　日

3．その他

※資金調達の有無　YES ・ NO

融資を検討されている方

創業融資 事前確認用 ヒアリングシート

	ご記入日：	年	月	日

【基本情報】

お名前：	生年月日：	年	月	日
ご住所：				

1．現在の（またはこれから始める）事業の内容について教えてください

※業種、商品・サービスの内容、ターゲット層、セールスポイントなどをご記入ください

2．融資のお使い途ちについて教えてください（項目は業種に応じて修正してください）

保証金	万円	仕入代（3ヶ月分）	万円
内外装工事	万円	人件費（3ヶ月分）	万円
空調設備	万円	家賃（3ヶ月分）	万円
厨房設備	万円	広告費（3ヶ月分）	万円
備品・造作買取	万円	諸経費（3ヶ月分）	万円
その他	万円	＜合計	万円＞

3．最近6年間の職務経歴について教えてください（会社名とお仕事の内容をご記入ください）

（例：平成24.4月〜27.3月 （株）●●●入社（業種、●●）、渋谷支店のリーダとして勤務。●●業務に携わる）

自 年月	至 年月	勤務先名	業種・業務内容

※新しい順にお書きください（平成29年→平成28年→…平成23年まで）

2．アプローチブックの作り方

　アプローチブックとは、営業時に使用する話の流れをまとめた資料です。提案するサービス（商品）によって内容は異なりますが、大まかな流れは共通しています。

　掲載する情報は、①相手が知りたい情報、②相手が知らないであろう情報、③相談内容を実現するために必要な手順（作業）、④相談内容を実現させるためのスケジュール、⑤ほかの事務所との違い、⑥依頼した場合の料金（料金表）となります。

　具体的な内容としては、会社設立の場合、①として、会社設立までに必要な手順、②として、資本金の決め方や役員報酬の決め方や融資には税理士がかかわった方がよいこと、③として、設立時には計画が必要であることと、そのなかで資本金や役員報酬を決めた方がよいこと、設立した場合には決算が必要で、そのために税理士や記帳作業が必要であること、④として、記帳作業の大変さや税金の支払いや各種提出資料が多くあり、経営者1人で行っていくことが大変であること、⑤として、設立費用の安さや、融資に関するスピードやサポートの充実、⑥として、用意してある料金を説明し見積書を渡すという流れになります。

　相続税の場合は、①として、相続税がかかる人とかからない人の違い、②として、相続税の節税ができる条件、相続税の申告期限、相続税の計算方法、③として、相続税の申告書（サンプル）を実際に見せながら、土地評価などの財産評価手順を伝えられるようにする、④として、各種資料の回収にかかる時間と手間、⑤として、実績や対応力など事務所の強みとなること、⑥として、料金表を見せ、見積書を渡すという流れです。

　パワーポイントなどを活用し、以上の情報が視覚的にお客様に伝わるようにすることで、営業の再現性が高くなり、受注率を高めることにつながります。

営業編
Ⅳ-39 後日フォロー

後日フォローのポイント

1. 面談後は全件「感謝の手紙」を送付すること

2. 基本は全件フォロー、案件増加時には
　見込み度ランクを付けてフォローすること

3. 事務所通信、メルマガで継続的にフォローすること

1.　面談後は全件「感謝の手紙」を送付すること

　受注した場合も、受注にならなかった場合も、面談後は全件「感謝の手紙」を送ります。目的は、顧客満足度とロイヤリティアップ、次回面談へのきっかけづくりです。

　少し手間はかかりますが、手書きの手紙がおすすめです。Eメールや印刷ダイレクトメール、印刷ハガキが一般化している現在だからこそ、手書きの手紙は印象に残ります。多くの他の事務所、特に大手事務所でもなかなかできないことなので、実践すればお客様のなかでの印象は強くなります。印象に残すことができれば、後日お客様に何かしらのきっかけが生じた際、再度の問合せにつながる可能性を残すことができます。

　文面は定型サンプルを作成しておくことで、文章を考える手間と時間を削減することができ、職員に作成してもらうことも可能です。

2.　基本は全件フォロー、案件増加時には　見込み度ランクを付けてフォローすること

　初回面談時に即受注にならないことは、決してめずらしいことではありません。最も受注につながりやすいのは、初回面談時の近日中に再度面談を行うことです。初回面談時に「家族に相談してから決めた

い」「他社と比較してから決めたい」といった理由で即受注にならなかった場合、その場で次に面談可能な日を提示して、次の面談のアポイントを取得してしまいます。次回面談のアポイントを取得できなかった場合は、数日〜1週間後に電話でフォローします。この電話の目的も再面談のアポイント取得です。

　そして、電話フォローで面談アポイントの取得ができなかった場合は、事務所通信やメールマガジンを継続的に配信します。何かきっかけがあった際にほかの事務所に流れることなく、自事務所に相談してもらえるよう、緩いつながりを保っておくことがポイントです。

　このように、基本は全件フォローを行いますが、案件が増加し、忙しくなってくると、どうしてもフォロー漏れやフォロー遅れが生じがちです。このような場合に備えて、面談終了時点で、お客様ごとにA、B、Cの見込み度ランクを付けておきます。受注見込みが高いAランクのお客様から重点的にフォローを行うことで、受注機会の損失を最小限にすることが可能です。

3.　事務所通信、メルマガで継続的にフォローすること

　受注見込みが最も低いCランクやしばらく受注の機会はなさそうなお客様の場合でも、事務所通信やメルマガの送付で緩やかなつながりを保つようにしましょう。お客様が決断に至らず即受注につながらなかった場合でも、お客様のなかで再度ニーズが高まったときに問合せが来たり、顧問契約につながらなかった場合でも、決算時に問合せが来たりするようになります。

　事務所通信は月に1回程度、メルマガは原稿を購入して毎日送付するか、事務所で原稿を作成して週1回程度送付します。事務所通信、メルマガによく掲載されるのは、会計税務トピック、豆知識、顧問先紹介等といった内容の記事です。

V

人材戦略

Ⅴ-1 採用のタイミングと採るべき人材
☞Ⅵ❶（221ページ）、Ⅵ❹（232ページ）

採用のタイミングと採るべき人材

1. 顧問先数or月額売上を基準に採用タイミングを考える

2. 最初に採用するのはどんな人材か？

3. 業界経験の有無はどちらがよいのか？

　顧客獲得の仕組みづくりに時間とお金を集中させ、無事に仕組みが軌道に乗りはじめたら、その仕組みを高速回転させ、顧客獲得をスピードアップして進めていきたいところです。

　しかし、売上を伸ばしていくなかで、必ず人材の調達が必要になってくるタイミングがあります。

　ここでは、そのタイミングと採用する人材について説明します。

1.　顧問先数or月額売上を基準に採用タイミングを考える

　開業間もない税理士から相談されるのが、どのタイミングで採用を考えればよいか？　ということです。明確にこのタイミング、ということは設定しにくいのですが、基本的に基準として考えるのが「顧問先数」か「月額売上」のどちらかです。

　顧問先数の基準としては、40件を超える件数を獲得できるようになってくると、顧問先との接触頻度にもよりますが、1人で進めていくことが難しくなってくると思います。

　ですので、顧問先40件を超えるころが採用を考えるタイミングとなります。

　採用を考えるうえではコストの面での考慮も必要となります。そのため、月額売上という点も考慮する必要があります。採用は先行投資という側面もあるので、スピード感のある成長を考えるうえでは、コ

ストよりも採用を先行させるという考え方もありますが、収益性も考慮してバランスを取るのであれば、月額70万〜80万円の売上が上がるころが採用のタイミングになってくると考えられます。

2. 最初に採用するのはどんな人材か？

採用する人材のパターンとしては、大きく分けると、「正社員」か「パート社員」の2つになります。基本的な考え方として、正社員には資格者業務や顧問先の担当者としての役割を期待し、パート社員には正社員の補助業務や入力業務などのサポーターとしての役割を期待することが多いです。

どちらの人材の優先度が高いかは、顧問先の自計化比率やサービスの提供方法によって異なりますが、営業補助業務や入力業務は少なからず発生することが多く、コスト負担の少ないパート社員の採用からスタートすることが多いといえます。

組織化を進めるうえでは代表者が行う営業や顧問先の担当業務は、徐々にほかのスタッフに引き継いでいくことが必要になりますが、その役割を担えるのは正社員のスタッフであることが多くなります。

開業される方が目指す成長のスピード感や戦略により異なる部分も多いのですが、パート→正社員の順に採用を進める方が安定した成長を達成できている事務所が多いです。

3. 業界経験の有無はどちらがよいのか？

採用を考えるうえで業界経験の有無は重要なポイントです。業界経験があり、実務経験がある人は即戦力となる可能性があるため、業界内では非常に重視されることが多い人材です。

しかし、実際には実務経験があるとはいえ、事務所によって求められてきたレベルは異なります。会計ソフトや業務フローも異なるため、業界経験＝即戦力とならないケースが多いことの方が実情です。

　開業間もないときの正社員採用は失敗できないと考える方も多く、どうしても業界経験者を求めることは多いのですが、そこにこだわっても確実性の高い人材が採用できるわけではないため、慎重に考えていただきたいポイントでもあります。

　業界経験がない場合でも、コミュニケーション能力が高く、素頭のよい人材であれば思った以上に成長が早かった、ということもよくあるのです。

　以上のことから、最もこだわるべきは業界経験ではなく人材の質だといえます。開業して間もないからこそ、人の素質にこだわって採用活動を進めてください。

Ⅴ－2 採用の考え方

1. 採用のブランディングとターゲット
2. 事務所の強みと応募の動機付けを考える

1. 採用のブランディングとターゲット

　採用も基本的にはマーケティングの考え方と変わりません。ここで
は、「採用ブランディング」について述べていきたいと思います。
　下図をご覧ください。

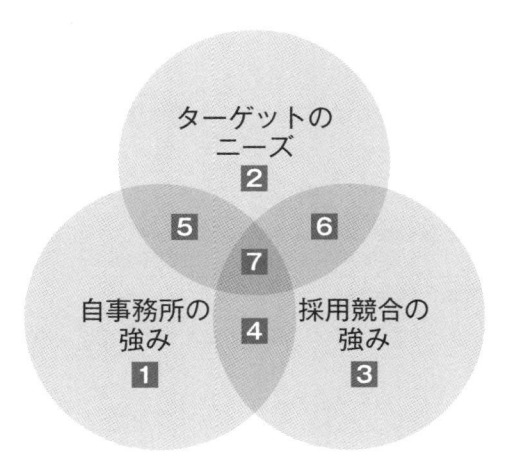

　採用活動を始める前に、「ターゲットのニーズ」「自事務所の強み」「採
用競合の強み」について考えておきます。項目の詳細は後述するとし
て、では、図のなかにある番号の、どこの部分を求職者に伝えていけ
ばよいでしょうか。正解は…「自事務所の強み」と「ターゲットのニー
ズ」が被っている、**5**の部分になります。

　そして、このターゲットごとに打ち出す強みは異なります。税理士資格者ならば資格者が魅力を感じる打ち出し方、パート希望の女性が魅力を感じる打ち出し方、若手を採用したければ若手が魅力を感じる打ち出し方などを整理して、明文化していきます。

2.　事務所の強みと応募の動機付けを考える

　職種・雇用形態・任せたい業務内容を決め、ターゲットが定まれば、その人物がほかに受けそうな企業も想像がついてきます。しかし、「自事務所の強み」となると、「開業したばかりで強みなんてない…」と思われるかもしれません。

　確かに、立地や給与などのハード面では大手事務所と比べると負けてしまう部分も多くありますが、開業したての事務所でも打ち出せるポイントはあります。

▎応募者の視点（興味・関心）

仕事	事業内容、**仕事内容**、営業方法、**お客様特性**、取扱い件数、提携企業
待遇	給与体系、評価制度、福利厚生
環境	立地、オフィス内、研修、キャリアパス、昇進スピード、制度
仲間	**代表・社員気質**、社員構成比（性別、年齢、管理職、入社経路）、在籍年数、**就業時間中の関係性**、**就業時間外の様子**
ビジョン	**経営理念**、**経営計画・方針**
社会貢献性	社会・地域とのつながり（事業を通しての貢献性、事業外での貢献活動）

　上記の表のように、「経営方針（成長性）」「仕事内容（魅力）」「代表・社員気質」などは、求職者への伝え方次第で十分に戦うことができます。採用における自事務所の強みと弱みをしっかり把握してから、具体的な活動に入っていきましょう。

V-3 採用の流れ

採用活動のポイント

1. 求職者は複数社へ同時に応募するという前提で、採用活動を行うこと
2. 自事務所を「志望」するのは内定後だという心構えでいること

1. 採用の流れ

採用は下記のような流れで行っていきます。

採用の流れ

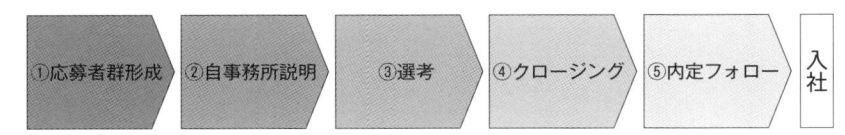

①応募者群形成 ②自事務所説明 ③選考 ④クロージング ⑤内定フォロー 入社

① 応募者形成

ハローワーク・求人案内媒体・紹介会社に求人票を出稿し、応募者を募ります。

② 自事務所説明

応募者を同時期に複数人集められそうな場合は、事務所説明会を開催します。個別で対応する場合も、いきなり面接をするのではなく、ある程度こちらのことを紹介してから選考に移るようにしましょう。

③ 選考

面接や適性検査等を通して応募者を見極めます。

④ クロージング

無事内定を出せたとしても、そのまま入社してくれるとは限りません。通常、求職者は複数社へ同時に応募するので、自事務所の内定を

承諾してもらえるようフォローすることが大切です。

⑤　内定フォロー

　入社まで期間が空く場合、内定者をそのまま放置するのではなく、継続的に接触を持つことで内定後の辞退を防ぎます。

2.　求職者の心理

　既に周知度が高い最大手の会計事務所・企業をのぞき、一般の事務所は、求職者に自らの存在を認知してもらうところから採用活動がスタートします。

　下記のグラフは、採用活動の段階が進むにつれて、求職者の心理がどのように変化していくかを、大手企業の場合と中小企業の場合とで比較したものです。

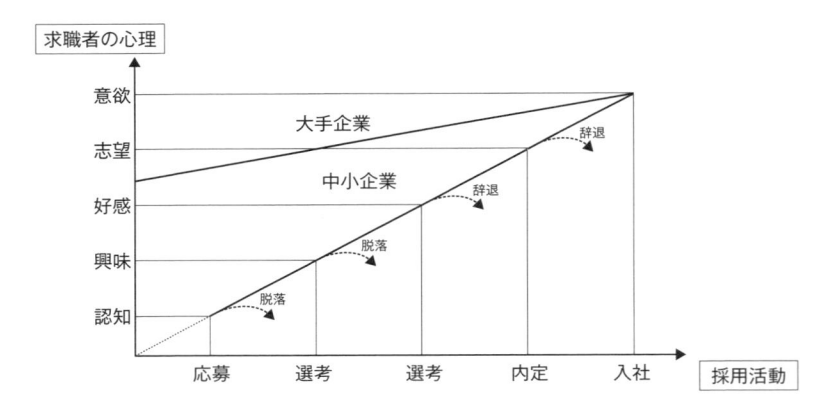

　先ほど述べたように、求職者は通常複数社へ同時に応募するものですので、自事務所に応募があった・履歴書が届いたからといって、必ず入社してくれる保証はありません。選考、特に面接において、自事務所への志望理由を最重視する方は少なくありませんが、中小企業の選考段階において、応募の段階では求職者は「興味がある」「この事務所に好感が持てる」という程度の心理状態だということを覚えておいてください。「この事務所に入りたい」という志望や意欲は、むし

ろ内定後に持つものだという心構えでいると、採用側の心理的負担も必要以上に重くならずにすみます。

　前ページのグラフにも表れているように、大手企業と中小企業とでは求職者の心理のスタート時点が異なるため、採用活動における戦い方も必然的に変わってきます。次のページからは、中小企業の戦い方を【資格者・業界経験者】【未経験者】【パート】という３つの採用ターゲット別に詳しくみていきたいと思います。

Ⅴ−4 資格者・経験者採用

資格者・業界経験者採用のポイント

1. 会計人材の採用は近年困難を極めている

**2. 求人票を出すだけではなく、積極的に採りに行く採用を行う
必要がある**

3. 効果的な採用手法を把握し、効果のないものに投資しない

1. 会計人材の動向

即戦力人材がほしいのはどこの事務所も同じです。しかし近年、会計人材（税理士・科目合格者・会計事務所実務経験者）の採用はますます厳しくなっていることを押さえておかなければなりません。

こちらのグラフのとおり、税理士試験申込者・受験者ともに減少傾向にあるなかで、5年間（2012（平成24）年〜2016（平成28）年）で約22〜23％の減少となっています。

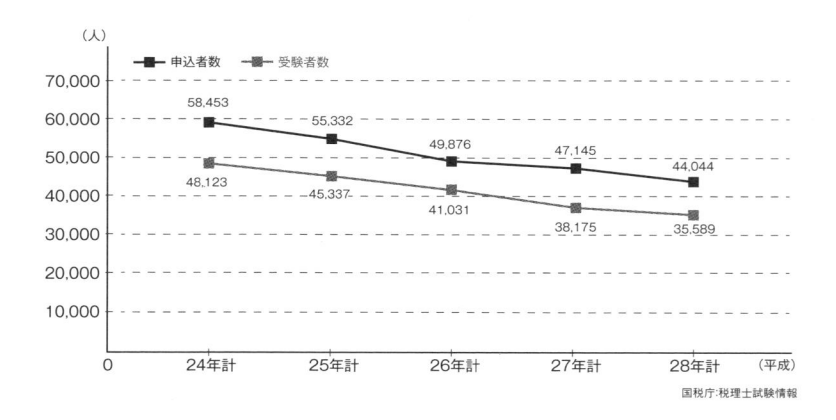

国税庁：税理士試験情報

このようななかにあって、有資格者・科目合格者・会計事務所経験

者の採用は困難を極めていることを覚悟しておく必要があります。

　また、税理士試験受験者状況を年齢別でみると、唯一41歳以上年代が増加傾向にあるほかは、日本の若者人口が減っていることに比例して受験者は減少しています。2012（平成24）年から2016（平成28）年の５年間で受験者数の減少率をみると、最も減少率が大きいのが25歳以下、次に25 ～ 30歳と、若い順に減少傾向が顕著なことがわかります。

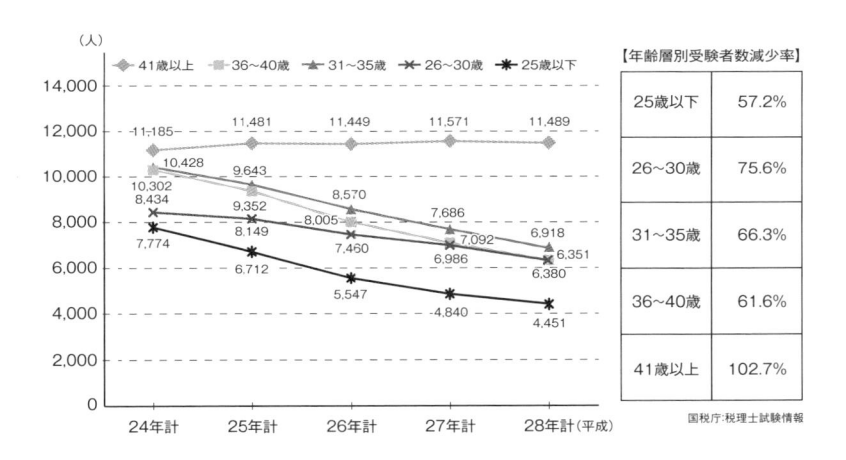

【年齢層別受験者数減少率】	
25歳以下	57.2%
26～30歳	75.6%
31～35歳	66.3%
36～40歳	61.6%
41歳以上	102.7%

国税庁:税理士試験情報

　近年の好景気感もあいまって、BIG 4 をはじめとする大手事務所の人材が一般企業へ流失、その穴を埋めようと採用基準を下げていくため、中小事務所の採用がさらに困難を極めるという状態に陥っています。

　ここでお伝えしたいのは、それだけ会計人材を採用することが厳しい状況にあるということ、そして求人票を出すだけなどといった受身の姿勢で待っていては、いつまでたっても採用はできないということです。

2．会計人材の採用の流れ

　会計人材の採用方法として、大きく３つの方法があります。１つ目は「人材ドラフト」などの求人案内媒体に求人を出稿して採用する方

法、2つ目は紹介会社を利用する方法、3つ目は専門学校を経由して採用する方法です。

　また、パート採用に関しては、出し方のポイントを押さえれば、実務経験者や簿記2級取得者等をハローワーク経由で採用することもできます。その詳細は200ページで改めてご説明します。

　次のページからは、上記の3つの方法に加えて、採用サイトから直接応募を集めるダイレクト・リクルーティングについてもご説明していきます。

Ⅴ−5 資格者・経験者採用　応募者群形成①

1. 会計人材に特化した人材会社

　会計人材に特化した求人案内媒体の運営・人材紹介を行っている会社は多くあります。複数の会社を同時に活用している求職者も珍しくありません。それぞれの会社のサービス内容と特徴を押さえておきましょう。

社名	紹介事業	案内媒体	利用企業数 (会計事務所他、一般企業も含む)	登録者数	特徴	会社概要
㈱MS-Japan	◎	−	−	85,000名	会計人材紹介会社最大手 ・登録者数85,000名のうち、税理士有資格者は1,500名程度になる ・人材紹介業がメインで、年収30〜40%の成功報酬型となる	売上：24億 社員：90名 創業：1990年 拠点：東京・横浜・大阪・名古屋
㈱レックスアドバイザーズ	◎	アカナビ	2,000社	1,200名	現職中の良質な有資格者を紹介 ・登録者数1,200名のうち、85%が会計税務有資格者（税理士35%、公認会計士46%、USCPA6%）となり、90%以上が実務経験3年以上（新卒の利用ナシ）の即戦力人材となっている ・人材紹介業がメインで、年収35%の成功報酬型となる ・クリック課金型の求人案内媒体「アカナビ」を運営	社員：20名 設立：2002年 拠点：東京、大阪、名古屋
㈱人材ドラフト	△	人材ドラフト	4,200社	40,600名	会計求人案内媒体では最大の「人材ドラフト」を運営 ・登録者数40,600名のうち、公認会計士・税理士8%、科目合格・簿記取得90%、その他士業2%となっている ・登録者の20%は新卒者（会計事務所勤務経験ナシ）であることも特徴 ・求人案内媒体「人材ドラフト」は、掲載1か月24万円〜 ・人材紹介業は年収35%の成功報酬型	社員：25名 設立：2000年 拠点：東京、大阪
㈱ネットワーク21	−	会計求人プラス	600社	32,000名	「会計求人プラス」を運営　パート求人に強み ・利用企業600社のうち95%が会計事務所と業界の利用者が多く、10〜20名事務所が8割と小規模事務所の利用が多数であることも特徴 ・全求人のうち、正社員6割、パート求人4割と、業界内のパート求人に強みをもっている	社員：120名 設立：2000年 拠点：東京
㈱マイナビ紹介事業部	◎	−	−	※新規登録者数 マイナビ会計士：月50〜50名 マイナビ税理士：月20〜30名	「マイナビ税理士」「マイナビ会計士」を運営 ・人材会社大手の㈱マイナビによる、会計人材紹介に特化したサービス ・「マイナビ会計士」は20〜35歳で登録者の約60%を占めており、公認会計士試験合格の新卒者も15.8%と多いことも特徴 ・「マイナビ税理士」は2015年8月サービス開始。20〜50代まで幅広い人材が登録している	−
㈱ワイズアライアンス	◎	会計事務所求人名鑑	−	15,000〜20,000名	MS-Japanから独立した経営者が少数精鋭で運営 ・求人案内媒体「会計事務所求人名鑑」は年間0円から利用できるサービス ・現在は人材紹介業がメインとなっている	創業：2013年 拠点：東京

※数値は2017年5月時点

189

このほかにも、税理士紹介実績に定評のある株式会社ビスカス、関西・東海地域の紹介事業にも強みを持っているジャスネットコミュニケーションズ株式会社、そして学校法人大原学園グループの総合人材サービス会社である大原キャリアスタッフなどがあります。

また、転職求人案内媒体として有名な「リクナビNEXT」「マイナビ転職」からも会計人材の募集は可能です。いずれにしても、興味を持った会社にまずは連絡をして、営業担当者から利用に当たっての詳細な説明を受けることからスタートします。

2.　求人案内媒体

媒体を活用するに当たってのポイントをみていきたいと思います。

各媒体ごとに、求人情報を掲載する様式（掲載内容）などの決まりはありますが、いずれにしても「Ｖ－２　採用の考え方」（181ページ）でも触れたターゲットの選定と自事務所の強みの打ち出し方がものをいいます。例えば、「お客様とのコミュニケーションを大切にして、中小企業のサポートを実現していく」というような打ち出しでは、どういった人に来てほしくて、何を強みとしている事務所なのかが伝わりません。これを、「科目合格者大歓迎！紹介が月３件はある信頼性の高い事務所」と表現したとすると、ターゲットと強みが明確に伝わります。

また、「人材ドラフト」のように、企業側から特定の登録者にメッセージが送れるスカウトメール機能がある場合は、積極的に活用しましょう。むしろ求人過多の昨今では、前述のとおりこちらからアクションを起こさないとなかなか求職者に振り向いてもらえません。このスカウトメール機能を使って、毎日確認をして新規登録者があるたびにメッセージを送っている、という事務所も珍しくないほどです。

3.　紹介会社

　紹介会社は、ほぼすべてが紹介者の入社が成立したときに支払が発生する成果報酬型です。そのため、1社でも多く紹介会社に求人を登録しておくことをおすすめしています。

　そして紹介会社といっても、自事務所の担当者との人と人との付き合いであることは変わりありません。優先的に紹介してもらえるように、担当者が自社に登録した求職者に対して事務所を紹介しやすいように事務所の説明資料を整えたり、紹介者と面接後にフィードバックをしたりと、関係性を大切にしていくことがポイントになっていきます。

Ⅴ-6 資格者・経験者採用　応募者群形成②

応募者群形成②では、会計系の専門学校やスクール経由の採用についてご紹介します。

1.　専門学校・スクールの人材サービス

税理士受験の専門学校・スクールといえば、みなさんご存知の学校法人大原学園グループ（以下「大原」といいます。）とTACです。ここでは主に大原を例に応募者群形成のお話をさせていただきたいと思います。

大原の専門学校には、各校に学生に対して就職を指導・紹介する就職担当の講師やスタッフがいますが、一般の中途求人は、首都圏・北海道・東海・関西・九州の5つのブロックに拠点を置く大原キャリアスタッフが統括しています。大原各校への求人の掲示や人材紹介・派遣を行う同社が開催するイベントといえば、税理士試験後（8月）と合格発表後（12月）に行われる、年2回の就職面談会です。

一度に複数の求職者に出会える可能性のある、就職面談会の流れとポイントをご紹介します。この面談会では、社会人経験のない学生から一般企業を経て勉強中の方、事務所勤務をしながら勉強を続けているベテランまで、多様なキャリアの有資格者や科目合格者が参加します。

8月の就職面談会の申込みは、4月中旬からWEB上で始まります。就職面談会は会計事務所側の人気が高いため、すぐに枠が埋まってしまう可能性があります。早めに申込みを行いましょう。

2.　情報誌掲載のポイント

就職面談会の開催にあわせて、「Win」という就職情報誌が発刊さ

れます。この情報誌の誌面サイズにあわせて、面談会当日の出展ブースサイズが決まります。

　先述の求人案内媒体のポイントと同じく、ここではターゲットと強みが明確に伝わるように作成します。ここで重要になるのは写真です。その写真も、単に所員の集合写真や事務所オフィスを載せればいいというものではありません（逆にそういった写真は、大手事務所との差がより鮮明になってしまう可能性があります）。笑顔の写真や生き生きと働いている様子が感じられる写真など、明るいイメージを与える画像を掲載しましょう。

3.　面談会当日のポイント

　面談会当日の最大のポイントは「声をかけること」です。大手事務所を含む数々の事務所がブースを構えるなか、席に座って待っていても参加者は来てくれません。手配りのチラシや看板などを用意して、恥ずかしがらず積極的に参加者に声をかけにいきましょう。

　ブースも目に留まりやすいように装飾します。写真を貼り付けたコルクボードや卓上における看板、机を覆う明るいカラーのテーブルクロスなど、ある程度準備してから当日に臨みましょう（ただし、会場によっては、このような装飾が一切禁止になっているところもあります。事前に実施要項等で確認しましょう）。

Ｖ－7 資格者・経験者採用　応募者群形成③

1. ダイレクト・リクルーティング

　近年、日本で認知され始めたダイレクト・リクルーティングをここではご紹介します。ダイレクト・リクルーティングとは、ここまで取り上げてきた人材会社等の第三者へのアウトソーシングを利用せず、SNSや社員紹介（リファーラル・リクルーティング）など様々なツール・制度を用いて企業が求める人材を自ら探し、直接アプローチする「攻め」の採用手法のことです。

　どのようなツールを用いたとしても、このダイレクト・リクルーティングで要になるのは自事務所の採用ホームページ（スマートフォン対応型）です。ホームページ、WEB戦略の重要性は他の章でも触れてきましたのでご理解いただいているかと思いますが、それは採用においても変わりません。ここでは採用ホームページへの導線戦略として、最新の事例であるindeedを活用した採用についてご紹介します。

　なお、船井総合研究所は、2018年1月に、グループ会社として新たに株式会社HR Forceを設立し、ダイレクトリクルーティングをはじめとした労働者不足解決ソリューションを積極的に提供していくことといたしました。

2. indeedとは

　indeedは求人専門の検索エンジンです。日本国内月間ユーザー数は、今や1,000万人を突破しています（2017年5月時点）。求職者はindeedから職種や勤務地などのキーワードで、求人案内媒体や各社のホームページ上の募集要項まで、横断的に求人情報を検索することができます。

　また、indeedの特徴の1つとして、2017年現在はindeed内のクリック課金型広告掲載（Googleでいうところのリスティング広告、indeedではこれをスポンサー求人広告という）が非常に安価で利用できることがあります。職種や地域によって当然異なりますが、クリック単価はリスティング広告の3〜5分の1で抑えられます。船井総合研究所のご支援先企業様のなかには、会計事務所経験者採用において、単価2,600円で科目合格者を採用した関西の事務所様や、スポンサー広告掲載開始で7名の応募があった東京都激戦区の事務所様の例もあります。

3. 募集の流れ

　まずはindeedの掲載基準を満たす採用ホームページを作成します。ポイントは募集要項ページの充実です。indeedには募集要項ページが検索されますので、従来の給与や休日「だけ」が書かれたページでは求職者にアプローチできません。事務所内の様子がわかる写真や、代表からのメッセージ、事務所の強みがわかる内容が掲載されている募集要項ページにします。そのページに付ける応募フォームは、可能な限り入力項目が少ない方が応募率は上がります。作成に当たり注意すべきなのは、1ページにつき1職種・1勤務地がindeedにクローリング（検索）される条件になるということです。同じ職種でも「税務会計スタッフ」や「税理士補助」など、職種名を変えて募集要項ページを複数設置するのがコツです。

　次に、indeedに募集要項ページがクローリングされるよう、担当者へ問い合わせます。クローリングには審査が必要になりますので、担当者、もしくは代理店の指示に従ってください（ちなみに、船井総研はindeedと代理店契約を交わしています）。広告の運用はGoogleやYahoo!より簡易なものになります。キャンペーンを作成し、上限クリック単価を設定していきます。

　無料検索枠（オーガニック・トラフィック）では、新着求人情報が

高く評価され、上位に表示されます。定期的に求人情報をメンテナン
スし、適宜更新することで、この枠からの流入数を増やしていきます。

V−8 未経験者採用

1. 業界「外」から優秀な人材を採用する

2. 第二新卒も狙い目！

1. 未経験者採用のメリット

　先述のとおり、会計人材の採用が困難を極めている現状を踏まえ、訪れる変革期に柔軟に対応できる人材を求めて、業界外に採用活動を広げている会計事務所は、規模の大小を問わず増えてきています。

　会計事務所勤務経験のない業界未経験者や、税理士志向のない一般的な4年制大学の新卒は、一見すると採用・育成のハードルが高いように思えます。しかし、中途で採用する会計人材は、即戦力として期待できる一方で、ほかの会計事務所で身に付けてきた常識や文化を変えながら成長してもらう必要があります。また、キャリアを積んだ人材はすぐに独立してしまう可能性があるため、永続的な組織体制を構築しにくいという面があります。

　その点、未経験者の採用にはどのようなメリットがあるのでしょうか。実際に未経験者採用を行っている会計事務所様におうかがいしたところ、下記のような点が挙がりました。

　　□　**待遇等よりも代表の考え方に共感して志望してくれる人が多い**

　　□　**他会計事務所の変な経験や知識がないため、意図する人材に育てやすい**

　　□　**マニュアル化や仕組み化が進む**

　　□　**優秀な人材ならば簿記1級はすぐ取れる**　　　等

通常の中途人材は、業界内での転職はもちろんありますが、その多

くは求人案内媒体等を用いて他業界に「未経験者」として入り、イチ
からそこでの業務を覚えていきます。会計業界の場合、税理士資格と
いう明確な指標があるため、業界内からの経験者採用だけで考えがち
ですが、求職者の就業観とマッチすれば会計事務所も就職先として選
ばれますし、優秀な人材が採用できれば、苦労して採用した会計人材
よりも結果的に成長が早いという可能性も十分にあり得ます。

2.　未経験者採用のポイント

　では、どのように未経験者を採用していけばよいのでしょうか。4
年制大学の新卒採用はある程度工数がかかるため、スタッフ数（非正
規雇用含む）10名前後の規模になってからチャレンジすることをおす
すめします。本書のテーマ上、ここでは業界未経験の中途人材の方法
をご紹介していきます。

　どの手法をとっても、一番の打ち出しは「未経験者歓迎」「業務を
丁寧に教えます」といった文言となります。可能であれば、そこに成
長ステップが明確に記載されているとなおよいでしょう。また、経験
者の募集以上に、仕事内容・就業体系・雇用条件などをわかりやすく
記載することも重要です。

　他業界への転職も考えている求職者にとっては、「リクナビＮＥＸＴ」
や「マイナビ転職」等といった求人案内媒体に会員登録することが、
現在では一般的な転職活動になっています。決算や賞与時期に連動し
て、3・6・9月に媒体への会員登録数が増える傾向にあるため、そ
の時期を狙うことをおすすめします。また、地方商圏においてはハロー
ワークの活用も有効です（ハローワーク活用のポイントについては、
次項「Ⅴ－9　パート採用」でご紹介します）。

　さらに狙い目なのは、第二新卒の採用です。第二新卒とは何らかの
業種での就業経験がある25歳前後の若者をさします。第二新卒は、待
遇などの条件面よりは仕事のやりがいや社会貢献性等を重視する傾向

にあるため、中小の会計事務所でも比較的採用しやすいという特徴があります。

　第二新卒人材は、「新卒応援ハローワーク」や専門の求人案内媒体を利用します。「新卒応援ハローワーク」は各都道府県にあり、広く一般を対象とするハローワークとは別に、新規学卒者と既卒の第二新卒に対して募集がかけられる無料のサービスです。自治体によって異なりますが、一般向けのハローワークと異なり、合同説明会や就職対策セミナー等を頻繁に開催するなど、若者の就労支援に力を入れています。求人票を出す際には、ぜひ「若者応援宣言企業」の登録も行うことをおすすめします。こちらは、新卒・第二新卒の採用実績がなくても登録することができ、専用の媒体への掲載や窓口担当者が優先的に求職者へ事務所を紹介する等のメリットがある制度です。詳細は厚生労働省ホームページ「『若者応援宣言』事業」をご覧ください。

Ⅴ-9 パート採用

1. 働き方に制約があることを理解する
2. 求人票は働き方の柔軟性と安心感により応募ハードルを下げる

1. パート採用で押さえておくべき点

　パート職のなかでも、事務系で雇用条件の信頼性が高い士業事務所は、比較的人気の高い就職先です。ポイントをしっかり押さえて募集をかけていきましょう。

　パート採用で気を付けたいのは、求職者の多くは働き方に制約がある事情を抱えているという点です。週5日フルタイムで働いてくれる求職者の応募があるに越したことはないですが、家事・育児・介護などの制約があるからこそパート職を選択する求職者が多いことを忘れてはいけません。当然、募集要項のメッセージも、そういった方々が応募したくなるようなメッセージ・条件を記載する必要がありますし、入社後も、残業や変則的な就業時間を一方的に押し付けるようなことは避けましょう。

2. 応募者群形成のポイント

　パート採用は、ハローワークのほか、次ページの図のような求人案内媒体があります。

媒体名	運営会社	登録者数	特徴
とらばーゆ	㈱リクルート ジョブズ	80万人	・利用者の98％が女性 ・ワークライフバランスでいうとライフより の方が多い ・20代〜40代まで幅広く利用されている
フロム・エー ナビ	㈱リクルート ジョブズ	130万人	・10代から45歳以上の層まで幅広く利用されている ・アルバイト求人メディアとして利用者が最大級 ・オプション料金を追加をすることでindeed への展開も可能
女の転職@type	㈱キャリアデザイン センター	65万人	・女性の正社員・契約社員に特化 ・大卒以上の割合が約43％ ・35歳未満の割合が約60％

　パート職への訴求ポイントを、ハローワークで求人する場合を例にしてご説明します。

（1）職種

　働き方に制約があるだけで優秀な人材は多くいますので、まずは経理などの会計に関連した業務経験者に限らず、広く募集をかけてみることをおすすめします。そして、職種名は難しい印象を与える「税理士補助業務」といったものではなく、「一般事務・経理事務」というような求職者が仕事内容をイメージしやすい職種名にして、応募へのハードルを下げます。

（2）仕事の内容

　箇条書きではなく、文章形式で業務内容を詳しく書きましょう。その際、「未経験でも丁寧に教えます」「可能な業務範囲からチャレンジしてください」といった安心ワードも添えます。

（3）必要な免許・資格

　ハードルを下げるために「不問」としますが、備考に「経験者の方は優遇します」と一言書いておくとよいでしょう。また、可能であれば簿記2級以上取得者には月あたり数千円でも手当を支給する等、優

遇すると、経験者・基礎知識のある方の応募率が上がります。

（4）賃金

　気が付けば地域の最低賃金レベルだったということにならないように、自エリアの最低賃金はもちろん、同じ地域のパート求人情報をチェックして、賃金等の待遇面もしっかり調べておきましょう。求人情報は、ハローワークのWEBシステムから簡単に検索することができます。

（5）就業時間

　9：00 ～ 16：00、10：00 ～ 17：00など数パターンの就業時間を記載し、特記事項部分に「勤務時間相談可」と記載しておきます。

（6）求人条件特記事項

　どの企業も記載せずに見過ごしがちな項目です。「勤務時間等柔軟にご相談ください」など、求職者を安心させるワードを添えましょう。

（7）事業内容・会社の特徴

　顧客目線ではなく、求職者にとって魅力のある内容にする必要があります。「○○といった業務を扱っているため、○○の知識が得られます」「代表はスタッフの就業環境第一に考えています」など、ここでも訴求していきます。

（8）備考

　こちらには通常、書類選考の郵送先などが記載されますが、メッセージを載せることも可能です。「お気軽にご応募ください」「ご応募をお待ちしています！」など、応募を誘導するメッセージを書きましょう。

V−10 事務所説明会

事務所説明会のポイント

1. 事務所説明会で、求人への応募のハードルを下げる
2. 開催前後にも気を使い、事務所の強みをしっかり伝えていく

1. 事務所説明会の効果

　求人に対して、あらかじめ複数名の応募があることが予想される場合は、事務所説明会の日程を組んでおきます。この説明会の目的は、もちろん応募者側に事務所を理解してもらうことにありますが、応募する際の心理的ハードルを下げるといった効果もあります。

　求職者が募集要項やWEB上から得られる事務所の情報は限られており、それらの情報だけでこの事務所に入りたいかどうかを判断することは難しいでしょう。184ページのグラフを次ページに再掲しましたが、大手事務所のようにブランド力があり、応募の段階で「志望」まで惹きつけられることは稀です。そこで、「V−3　採用の流れ」(183ページ) で触れたように、中小事務所へ応募してくる求職者の心理は「志望」というよりも「興味」があるといった程度と考え、はじめから「応募後、すぐに選考に進んでいただきます」というよりは、「まず当事務所のことをよく知っていただいてから、選考に進みます」といった表現にした方が、応募する側の心理的ハードルを下げることができます。

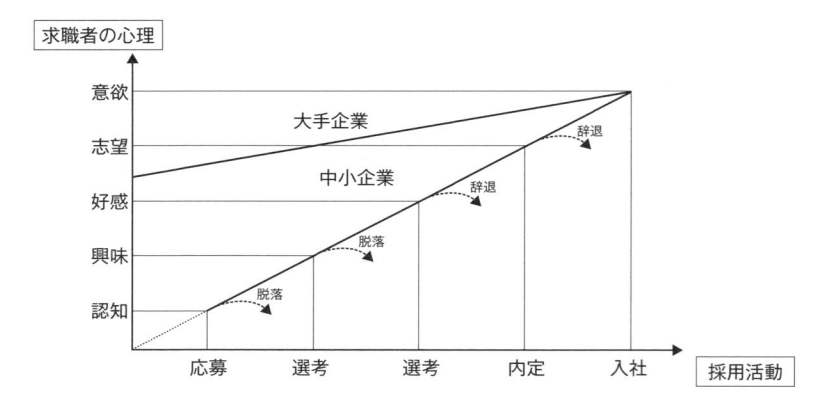

2.　説明会のポイント

以下、事務所説明会開催におけるポイントを列記します。

（1）会場

　事務所が駅から離れている場合や所内に広い会議スペースがない場合は、アクセスのよい貸し会議室やホテル等で説明会を行うことを検討しましょう。

（2）前日

　説明会開催前日には、必ずリマインドの連絡（電話またはメール）をします。無断欠席を防ぐためだけでなく、応募者に丁寧な印象を与えることもできます。

（3）当日のプログラム

ⅰ）事務所の概要説明

　　　「Ⅴ－2　採用の考え方」（181ページ）で触れたように、自事務所の強み・ポイントをしっかりと求職者に伝えていきます。

ⅱ）座談会

代表のほかに既に所員がいるようであれば、その方にも座談会に加わってもらいましょう。実際に働いている所員の現場目線の話も聞くことができると、応募者の志望度が上がります。

（4）選考

おすすめするのは、説明会後そのまま選考を行ってしまうことです。選考を希望する人のみ残ってもらい、希望しない人はその時点で退席してもらいます。そうすることで、応募者に別途選考日を予定してもらう負担を下げるだけでなく、説明会で「この事務所、いいかも」と志望度が上がった状態のまま案内をするので、選考への誘導率を上げることができます。

（5）アンケート

終了後は、その日の感想はもちろん、応募に至ったきっかけや募集を知った媒体等の情報をアンケートで収集し、次の採用活動の参考とします。

（6）お見送り・お礼状

応募者が帰るときは、しっかりお見送りしましょう。また、後日説明会参加のお礼状を出すことも効果的です。その人自身が志望しなかった、あるいは採用基準に至らなかった場合でも、よい印象を与えておくことで将来的にお客様につながるケースや、他の求職者の紹介につながることもあります。

Ⅴ－11 選考①　書類選考、グループ選考

選考のポイント

1. 「中途は早く、新卒は長く」選考を行う
2. 書類選考では、明らかに「合わない」ことがわかる場合のみ不合格にする
3. グループ選考は最低限のふるい落としを目的に行う

1. 選考期間

　通常業務との兼ね合いもありますが、中途採用の場合、選考は早ければ早いほど採用率が上がります。通常、転職者は応募から入社を決めるまで1か月程度といわれています。この間に自事務所だけではなく複数社を並行して転職活動を進めていくことになりますので、先に内定が出た企業・事務所の方を優先して決めてしまわないよう、応募から書類選考、そして面接まで、極力期間を空けずに応募者へ接触を図りましょう。

　反対に、新卒採用の場合は、あっさり内定を出すよりもある程度時間をかけて選考を行った方が志望度が高まる傾向にありますので、注意してください。

2. 書類選考

　求人案内媒体やホームページ等から応募があった人には、履歴書・職務経歴書を送ってもらいます。

　こういった応募書類を手書きで時間をかけて書くことに価値を置いている方もいますが、そこから得られる印象（熱心かつ丁寧に書いてあるか等）を合否の判断において特に重視しないのであれば、内定ま

でのスピードを重視する意味でも、パソコンで作成した書類をメール添付で提出することも可にするようおすすめしています。

　さらに選考への誘導率を上げたい場合は、通常の履歴書に設けられている「志望動機」欄は空欄で構わないとしたり、説明会や面接時に持ち込むことを可としたりすることも有効です（特に新卒採用の場合）。

　書類選考では、応募者が求める待遇等が明らかに自事務所に合わないことがわかる場合のみ不合格にするようにし、書類はあくまでも次の選考の際の参考資料と位置付けて、実際に面接をしてから人物を判断するようにしましょう。

　また、経歴はもちろんですが、転職回数や1社当たりの在籍年数にも注目しておきましょう。転職回数は少ないほど、また1社当たりの在籍年数は長いほど、入社後にすぐ辞めてしまう確率が低くなります。船井総合研究所でもここには明確な基準を設けて書類審査を行っています。

3.　グループ選考

　前項で述べたように、複数人を同時に集めて事務所説明会を行う場合は、その直後に選考を行うことをおすすめします。

　グループ選考のメリットは、応募者同士を見比べて判断することができるため、最低限の能力の有無を見極めやすいという点にあります。

　進め方は、以下のようなテーマをもとに、3〜5人のグループ単位で20分程度のディスカッションまたはワークを実施させ、その後、グループの代表者にプレゼンを行ってもらいます。プレゼン後には、代表から簡単なフィードバックがあると、応募者に好印象を与えることができます。

【グループ選考　テーマ例】　※矢印以降は見極められる能力

・時事的な話題についてのディスカッション

　　　⇒　時事的な話題への関心度、理解度

・○○事務所で活躍しそうな人物要件は？

　　　⇒　自事務所への理解度、興味・関心度

・○○事務所をアピールするポスターの作成

　　　⇒　自事務所への理解度、共同作業の際の姿勢

　グループ選考は複数人から同時期に応募があった場合に採用側の負担を減らすことができる一方、個別に選考を行った場合に比べて1人ひとりの見極めは甘くなります。最低限のふるい落としのための選考という位置付けにし、その後の個別選考でしっかりと見極めていきましょう。

V－12 選考② 面接

選考のポイント

1. 応募者の緊張状態を和らげ、リラックスした状態で面接を
   受けてもらう
2. 面接を各段階に分けてポイントを押さえる

1. 面接の注意点

　応募者は面接ということで緊張状態にあります。緊張しすぎてしまわれると、通常時はパフォーマンスが高い人物なのに誤った判断で不合格にしてしまうなど、採用側としても不利益が生じてしまいますので、リラックスした状態で選考に臨んでもらえるよう意識しましょう。

　例えば、こちらから積極的に自己開示をすることで話しやすい雰囲気をつくることができます。これは先述したように、初回の面接において応募者の自事務所への理解・志望は十分でない場合がほとんどだということにもつながります（事務所説明会を行った場合を除く）。

　いきなり高圧的に志望理由を聞くのではなく、こちらが自己紹介や事務所の説明を行い、十分に理解してもらったうえで質問に移るようにします。また、面接担当者の人数が多すぎないようにして、面接中のメモも最小限にとどめ、相手の目を見て会話を行うことも心がけましょう。

　面接に来た方の名前を書いたウェルカムボードを用意したり、持ち帰ってもらえる事務所説明の資料を用意したりすることも、求職者に歓迎の意が伝わると同時に、面接に臨んでの緊張を和らげる効果が期待できます。

2.　面接の流れ

　以下では、面接の流れをポイントとともにご紹介します。

（1）面接前アンケート

　面接の前に、アンケートにて〔本日の意気込み・聞きたいこと〕を記入してもらいます。

（2）面接開始時

　面接開始直後はリラックスさせるため、面接官の自己紹介を行い、事務所を案内したり、説明用資料・パンフレット等を用いて事務所の紹介をしたりします。

（3）質問

　1回の面接時間は45分～1時間ほどじっくり行います。質問の際は、一問一答の形式になると用意してきた答えで表面的な内容にとどまってしまう可能性が高くなります。対話形式で、本来の人となりを理解していくことを意識していきましょう。また、こちらが話しすぎることがないようにし、応募者の話をよく聴くことに時間をかけます。

　また、面接ではその人となりが一番出やすい転職理由もしっかり押さえておきましょう。事情によっては本音で話さない可能性が高いため、ある程度打ち解けてから「本当のところはどうなの？」と、再度聞きなおすことも効果的です。

（4）面接後

　面接後にもアンケートを記入してもらいます。ここでは、〔伝えきれなかったこと・アピールしておきたいこと・他社の選考状況〕などを書いてもらうことで、「本来の自分が出し切れなかったかも…」「自

分のここについて深く聞いてもらいたかった」等といった面接時の心残りを減らします。他社の選考状況（応募している企業・事務所名や先行の進捗状況）を聞くときは、「差し支えなければ」「回答内容が合否に直接かかわらない」といったことをしっかり明記しておき、内定を出す時期等の参考にします。

（5）合否

　人の採用は、事務所の将来をつくっていくうえで非常に大切な判断になります。一時の感情で合否を左右しないよう、判断に迷うことがあったら少し時間を置いて考えてみる、もう一度面接を行う、事務所体験をしてもらうなど、改めて見極めたうえで合否が出せるようにしましょう。

3.　質問例

　志望度を見る質問…　事務所の印象・事務所の特徴・やりたい仕事
　　　　　　　　　　　内容
　人柄を見る質問…　　自分はどんな人だといわれるか・尊敬する人・
　　　　　　　　　　　感動した事
　仕事感をみる質問…　転職理由・働くうえで重視すること・就職先
　　　　　　　　　　　を選ぶ基準

Ⅴ-13 クロージング・内定フォロー

クロージング・内定フォローのポイント

1．内定を伝えるときは、採用理由も明確に伝える

2．採用後は早期退職防止に気を配る

1．内定＝採用ではない

求職者は通常、複数の企業を並行して求職活動を進めます。中途の場合、転職活動を始めてから内定までに応募した求人の数は平均して13.1社[1]で、年代が若いほど多くの企業に応募する傾向にあります。新卒の場合、年度によって異なりますが、通常20 〜 30社が平均エントリー社数といわれています。そのため、内定＝入社ではなく、内定後も他社との人材獲得競争は続いていると考えましょう。

内定は2つのステップに分けて考えます。まず、応募者の入社意欲を高めるクロージング、そして入社を迎えるまでの内定フォローというステップです。

2．クロージング

先に他社から内定が出て辞退されてしまわないようにするという観点に立てば、クロージングは採用したい人物かを見極める面接時から既に始まっているともいえますが、ここでは一旦、最終選考後のケースを想定して考えます。

クロージングで最も気を付けたいのは、内定の伝え方です。職員がメールなどで「内定です」と簡単な文面で伝えるようなことは避けま

1　株式会社インテリジェンス　DODA『2015年に転職した人は何社に応募した？転職成功者の「平均応募社数」』より

しょう。必ず、代表から電話で直接本人に伝えます。その際、どういった点を評価したのか、入社後はどのような活躍を期待しているかを明確に伝え、採用したい想いが届くようにしましょう。場合によっては、「もう一度話をしたい」といって、直接会って内定を伝えることも効果的です。

　そして、内定を伝えた後が最も求職者の本音が出やすいタイミングでもあります。改めて、事務所への志望度・希望条件（年収・入社時期）を確認しましょう。このあたりは非常にナイーブな話題ですので、会って直接お話しすることをおすすめします。（この面談は「内定後の雇用条件交渉」と呼ばれています）

　他社の合否が出るまでは結論を保留にさせてほしいというケースもよくあります。その場合であっても結論が出るまで放置するのではなく、内定後に必ず一度会っておきましょう。どうすれば結論が出るのか、就職先選びの基準を一緒に考えたり、改めて面接時に質問できなかったことはないか聞き出したりします。

　また、近年は「嫁ブロック」「親ブロック」という言葉もあります。これは、就職先の決断に近親者が大きく影響を及ぼしているということです。特に新卒や20代前半の若年者にとっては、まだ保護者の存在が大きいため、入社してもらいたい旨を保護者宛に手紙で伝える企業もあります。

3. 内定フォロー

　無事に入社を決断してもらえたら、内定承諾書と雇用条件通知書にサインをしてもらいます。そして、内定承諾後入社まで期間が開くようであれば、定期的に連絡をとるようにしましょう。放置することは自事務所へのロイヤリティの低下を招くだけでなく、場合によっては、再度、就職活動に向かわせるような事態にもつながりかねません。電話で様子を聞くだけではなく、事務所の懇親会やイベントごとに誘い、

入社前に他職員と交流させておくというのも、内定後のフォローの方法です。

　また、未経験者の場合は、入社前までに会計業務をある程度理解させておくことも、入社後の成長スピードに影響してきます。簿記2・3級の資格試験を受けさせたり、各社が販売している専用教材を入社前に渡し、定期的に進捗を報告してもらったりします。事務所によっては、教材付属の確認テストに合格しなければ、入社時期を延期するところもあるほどです。

4.　入社直後

　入社後の働きはじめはとにかく不安がつきまとうものです。育成係をつけたり、質問しやすい雰囲気をつくったりして、早く職場に馴染めるようにしましょう。特に入社後1か月間は、1週間ごとに代表が面談をして、早期退職の防止に努めましょう。

Ｖ－14 定着率改善
☞Ⅵ❶（221ページ）、Ⅵ❸（228ページ）

☞Ⅵ❶（221ページ）、Ⅵ❸（228ページ）

人材定着のポイント

1. 代表が日々の業務に追われると、所員の不満に気が付くのが遅れる
2. 人事評価制度を構築して、人材の定着をはかる

1. 代表が日々の業務に追われると、所員の不満に気が付くのが遅れる

　売上・クライアント数が順調に増加し、所員の数も増えてくると、続いては、人材の定着が課題となってきます。特に成長期の事務所は日々の業務を回すことで代表も忙しく、所員のマネジメントが後回しになりがちです。そうすると、下記のような不満が気付かないうちにたまり、気が付くとあんなに苦労して採用した所員が次々と辞めていくといった事態に陥ってしまいます。

【成長期の事務所に見られる所員の不満】

・所員の意見に耳を傾けてくれない
・事務所の方向性を示してくれないので、やらされ感がある
・どれだけやっても賃金があがらない
・評価の基準が不明確
・事務所の給与体系がわからない
・キャリアパスがみえない

　辞めていく人を無理にひきとめる必要はないという意見もありますが、それではいつまでたっても採用活動に費やす時間とお金は減らないばかりか、残る所員も人が入れ替わるたびに教える時間を割かなけ

ればならなくなり、それが不満となり、たまっていってしまいます。

　人材の定着に関する課題を解決するために必要なこととして、まずは労働基準法を守ることが最優先であることはもちろん、人事評価の制度づくりが1つの鍵になっていきます。

2. 人事評価制度を構築して、人材の定着をはかる

　人材を定着させるためには、下記の項目が鍵となっていきます。

- ・ 経営理念・中長期ビジョンなどの将来像を共有すること
- ・ 所員がどう頑張れば給料が上がるのか・賞与をもらえるのかを明確にすること
- ・ 自身の将来性を描かせる仕組み
- ・ 現在の会計事務所業界に合った制度をつくること

これらを実現させる仕組みが「人事評価制度」になります。

　人事評価制度の設計においては、事務所の将来図を描くところからスタートし、所員に望む働きや成長の姿を明確にしていきます。

　続いて取り掛かるのは、制度の骨子となる等級制度の策定です。所員に対して、役職ごとにどのようなことを会社が求めているのかを等級要件書に定めます。そして、その役割に紐づいた賃金制度（給与支給額）を決め、「業績」に直結する定量項目をもとにした〔プロセス・能力・スタンス・マネジメント〕に関する具体的な評価基準を作っていくことになります。昇給・昇格・賞与のルールを明確にすることで、所員自身が、将来年収がどれくらいになるのかといったキャリアプランを描けるようになります。

　事務所を拡大するためには、「人」の採用・定着が必要です。代表1人で所員全員を把握するのにも限界が来てしまい、すぐに歪みが生まれます。専門家の手を借りることも検討しながら、理想の税理士事務所づくりを進めてください。

VI

開業税理士
成功体験

成功事務所インタビュー❶

事務所名	**税理士法人ファリス**
代表者名	**吉井英人**
創 業 日	**2012年3月**
所 在 地	**神奈川県茅ケ崎市茅ケ崎2-1-8 古谷ビル3階**
事務所規模 （現在）	売　　上：**6,000万円くらい** 人　　数：**12名（正社員7名、パート4名）** 顧問先数：**184**

Q1　なぜ独立をしようと思ったのですか？

A1　独立することが当初からの目標でした。なので、独立しないという選択肢はありませんでした。

　従業員として勤務している時はその事務所の方針というものがありますので、いくらお客様にとってよいと思える提案であっても、そこの従業員である以上は、その方針と異なるようであれば提案することができないということが何度かありました。そのような点からも、自分がよいと思える提案をすぐに実行できるよう、自分の事務所を持ちたいと思っていました。

Q2　独立する際に迷った点、不安だった点はありますか？

A2　正直、あまり迷いはありませんでした。

　しかし、不安はたくさん…。

　例えば、独立するにあたり「強みを持ったほうがよい」とアドバイスをいただくこともありましたが、「自分の強み」ってなんだろう？ないな…と悩みました。

　また、前の事務所からお客様を引き継いだわけでもないため、お客

様もいない状態からのスタート。さらに地元でもないため基盤もなければ、コネもない状態で生活が成り立つのだろうか不安でした。

Q3 どうやってその不安を解消したのですか？

A3 収入面は仕事を掛け持つなど、なんでもやるつもりでした。実際に朝4時起きでスーパーの早朝アルバイトを1年間くらいやりました。3年くらいやってみてダメなら、サラリーマンに戻るつもりで立ち上げてみようという気持ちでした。

「自分の強み」に関しては、「開業・会社設立」に絞ったマーケティングをして強みを作りました。最初は強みとまでは思えなかったことも、ターゲットを絞ってたくさん経験を積んだことにより、いつしか強みと言えるようになっていました。

Q4 独立準備はどのようなことを行いましたか？

A4 独立する前年の10月ごろに、勤務先の事務所に退職の意思を伝えました。退職時期は事務所にお任せしてしまったのですが、平成24年3月付けで退職許可をいただくことができました。

準備は2012年1月ごろからゆっくりとスタートしました。

実際に行ったことというと、事務所探しと家具の準備くらいです。特に大変ではありませんでした。

開業資金に関しては、日本政策金融公庫の創業制度で300万円（金利3.8%）ほど借りました。地元には、税理士会とかながわ信用金庫が提供している1,800万円まで金利1.8%という当座貸越制度もありましたが、日本政策金融公庫の担当者との関係づくりやお客様へ紹介しやすくするため等、開業後を見すえて、日本政策金融公庫を利用することにしました（☞Ⅲ−3〔41ページ〕）。

Q5　独立準備でやっておいてよかったこと、やっておけばよかったことを教えてください

A5　ＴＡＣの独立開業体験DVDなどをみたりして独立後のイメージを膨らませていました。ですが、そこでもう少し、将来目指す規模やビジョンといった中・長期的な事業計画を練り上げておけば、独立1年で事務所を移転することもなかったと後になって思いました（⇨Ⅱ－1〔26ページ〕）。また、集客セミナーなどにも、もっと積極的に参加しておけばよかったと思います。

Q6　開業初年度はどのような年でしたか？

A6　お客様が3件でしたので、とにかく集客に必死でした。「まず10件の顧問先をどうやって獲得するか？」をずっと考えていました。ホームページ作成、ダイレクトメール、チラシ配布（⇨Ⅳ WEB編〔71ページ～〕、ダイレクトメール編〔125ページ～〕）、銀行廻り、セミナー企画など、やれることはほとんどやったと思います。

　独立後はじめて自分で獲得したお客様は、前の事務所のお客様からの紹介でした。

　最終的に初年度の関与数は50件弱まで増やすことができました。

　とはいえ、半年間は赤字が続きました。固定費が重かったことが一番の原因です。特に会計ソフト選びの際に勤務時代に使っていたソフトをリース契約したのですが、もっと将来を見すえて戦略的に検討すればよかったです。経費の大部分をしめるので、安易に選んではダメですね。

Q7　経営面での苦労はありましたか？

A7　顧問先数が20～30件に増えると、1人だけではお客様へのサービスの質が下がるのを感じました。お客様へ提供する資料へ時間を十分にかけることができなかったり、面談をしていても電話がかかってきて中断せざるをえなかったり、お茶を入れたのにお茶を出し忘れて

しまったり…（汗）ということが続きました。

そこで、1人では限界を感じ、採用をすることに決めました。

はじめての採用では、「子育てで一線を離れて、働きたいが時間に制限があって勤め先が見つからない優秀な人」に狙いを定めました（☞V－1〔178ページ〕）。イメージどおりの方が採用できたのはよかったですが、マネジメント経験がなかったため苦労もしました。自由にしてもらいすぎると緩みすぎてしまいますし、厳しくしすぎると雰囲気が悪くなってしまったりと、モラルやルールをつくることって難しいですね（☞V－14〔215ページ〕）。

Q8 独立してよかったですか？

A8 よかったと思うことは、たくさんあります。

自分で正しいと思う道を進めます。

お客様に対して、よいと思う選択肢を自分の責任で提案ができるようになりました。

いろいろな人との出会いがあり、その会社の未来や社長の思考、悩み、成功や苦労を一緒に共有することができます。

お客様とスタッフと一緒に成長していくことができます。

今日、変えたほうがよいと思うことを自分の意思ですぐに実行することができるようになりました。

今後は、未経験から税理士を目指す人が、ここで働きながら資格を取り、さらに成長していける事務所にしていきたいですし、自分（所長）が不在でも機能する存続する組織にしていきたいです。

規模的には30人、売上2.5億円くらいで地域一番店を目指していきます。

その先は今はあまり考えてないです。

今までも事務所、スタッフ、お客様にとってよいと思う方向に進んできましたし、これからも進んでいくと思っています。

成功事務所インタビュー❷

事務所名	**小野木誠税理士事務所**
代表者名	**小野木 誠**
創 業 日	**2012年**
所 在 地	**岐阜県岐阜市細畑6-4-19**

事務所規模 （現在）	売　　上：2,200万円 人　　数：5名（正社員1名、パート3名） 顧問先数：70

Q1 なぜ開業をしようと思ったのですか？

A1 開業前、会社員時代に携わっていた仕事は取引先が国や地方公共団体、銀行や生命保険会社などの大規模な組織が中心でした。

仕事自体は社会に貢献しているという自負もありとてもやりがいがありましたが、相手が大きいため同じような業務を行う同業者のなかの1つにすぎず、本当に自分が役に立っているのかという疑問も持っていました。

数年前、命にかかわる病気をし、家族や病院関係者の方々の助けを得て数年間に及ぶ闘病生活を送る経験をしたことから「医師や看護師のような1人の人間を助けられるような仕事がしたい、お客様ともっと近い距離で仕事がしたい」と思うようになり、税理士事務所を設立しようという決意をしました。

Q2 開業する際に迷った点、不安だった点はありますか？

A2 開業するに当たって一番不安だったのはやっぱりお金のことです（☞Ⅲ-1〔36ページ〕）。

開業当初はお客様がいない、ゼロスタートでしたので、顧客が増え

るかどうか本当に心配でした。

　また、徐々に売上が増えても、出ていくお金も多かったことを今でも覚えています。

Q3　どうやってその不安を解消したのですか？

A3　少し時間はかかりましたが、結果的にお客様を増やすことで解消できました。

　開業当初、とにかくお客様を増やすことを考えて、藁にもすがる思いで登録したのが税理士紹介会社でした。しかし、紹介会社経由で獲得できた件数はわずか３件であり、危機感を感じていました。

　その後、事務所独自のマーケティングに注力した結果、顧問先数が安定して増加していったことで、ようやく不安を解消することができました（⇨Ⅳ章　商品編〔48ページ〜〕、集客編〔67ページ〜〕）。紹介会社に依存しないマーケティングに注力したことがよかったです。

Q4　開業準備はどのようなことを行いましたか？

A4　開業当初は、低価格のソフトでホームページや事務所案内の冊子を自作し、ぎりぎりの予算範囲内で事務用品や会計ソフトを準備していました。

　とにかくコスト重視で、極力お金のかからない方法で準備を進めていました。しかし、振り返ると、この点がスタートダッシュの遅れに影響したと思います。

Q5　開業準備でやっておいてよかったこと、やっておけばよかったことを教えてください

A5　開業に向けてセミナーへ参加したり、本を読んだりして開業時のイメージを持っていたことはよかったです。開業準備で忙しいなか、時間を割く価値はあったかと思います。

　一方で、開業当初から積極的に投資をしていなかったことは反省点

です。2012年に開業（税理士登録）したものの、約３年間はほぼ動きがありませんでしたが、これは投資ができていなかった証拠です（ただ、この期間は、先ほどお話した病気によるやむを得ない事情があったのも事実ですが）。

　新規顧客を獲得するためのホームページ制作費や広告宣伝費等、もっと早くから投資をしておけばよかったです（☞Ⅳ章 集客編〔69ページ〜〕）。また、開業当初から投資をするために、積極的に借り入れもすべきだったかもしれません。

Q6　開業初年度はどのような年でしたか？

A6　2012年に開業したものの、約３年間で増えた顧問先はわずか３件でした。

　「このままではマズイ…」と思い、2015年から安定的に顧問先を増やすために、新設法人獲得を中心としたマーケティングに注力しました。その結果、１年間で新規顧問先42件を獲得することができました。※私のなかでは、この2015年を「実質開業１年目」と位置付けています。もちろん、顧問先が増え、売上が増加したことが目に見える成果として大きかったのですが、安定的に顧問先を増やすことができる仕組みそのものが構築できた基盤づくりの年だったと思うからです（☞Ⅳ−29〔144ページ〕）。

Q7　経営面での苦労はありましたか？

A7　顧問先が順調に伸びるなか、すべての業務を１人でこなしていた期間は正直大変でした。新規営業が後手になっていたこともあったかと思います。

　そこで、顧問先が20件になったタイミングで、はじめて女性パート社員を１名雇用しました。まずは、顧問先の経理処理を中心とした簡易的な業務から任せていき、徐々に自分の負担も軽くなってきました。

　現在は自分を含めて５名体制ですが、今後は少しずつ職員へ権限委譲を進めるつもりです（☞Ⅰ－5〔13ページ〕）。

Q8　独立してよかったですか？

A8　よかったです。特によかったと感じることは、
・独立をしなければ出会えなかった方々（新規顧問先・職員・各パートナー）と出会えたこと
・「税理士業」に加えて、「経営者業」も経験できること
であり、これらは独立をしなければ得ることができなかった喜びです。

　今後、まだまだ事務所を拡大させていく予定のため、まずは３年後に１億円事務所になることを目指します。会社員時代よりも、刺激的な毎日を過ごせていると感じています。

成功事務所インタビュー❸

事務所名	**Actvision税理士事務所**
代表者名	**塩谷宣弘**
創 業 日	**2014年8月1日**
所 在 地	**大阪市淀川区西中島3-8-15 EPO SHINOSAKA704号**
事務所規模 （現在）	売　　上：**5,500万円** 人　　数：**10名（正社員3名、パート6名）** 顧問先数：**152**

Q1 独立をしようと思ったきっかけ、独立する際に迷った点、不安だった点は何ですか？

A1 30歳になった時、"自分が本当にしたかったことは何か"と自問自答しました。そして、"経営者から経営相談を受けられるような事務所にしたい"と思い、独立を決意しました。

　独立するに当たっては、お客様が増えないことが不安でした。22歳のとき、父親の事務所で働いていましたが、新規顧客は全く増加していない現実をみていたからです。

　ただ、大阪で開業した先生方のブログをみると、何歳で独立しても苦労は結局変わらない、ということがわかりました。それであれば独立するのは早いほうがいいと思い、独立を決めました。

　実際、独立してもしばらくはお客様が増加せず、困っていました。半年経った頃に船井総研と出会い、早めに相談しておこうと思いました。

Q2 独立準備はどのようなことを行いましたか？

A2 事務所としてどのような方向性で進んでいくか、ということについて2か月間考えました。当時は"少数精鋭、高付加価値型事務

所でいこう"と思っていました。

　また、とにかくたくさん本を読んでいました。この当時はまっていたのが『選ばれるプロフェッショナル』です。副題の「CLIENTS for LIFE」に引かれて3回は読みました。以前勤めていた会社の代表にも勧められていたので、本屋で見つけて購入しました。

Q3 独立準備でやっておいてよかったこと、やっておけばよかったことは何ですか？

A3 事務所の方向性を考えておいたことはよかったと思います。一方で、営業の仕方をもっと考えておいたほうがよかったと思います（☞Ⅳ−29〔144ページ〕）。単に交流会に行っても紙（名刺）の無駄遣いでした。また、創業時はコンセプトや売り商品が固まりきらず、つい「何でもできます」といいがちになるので、事前に、しっかりコンセプトメイクをしておいたほうがよいと思います（☞Ⅰ−8〔22ページ〕）。

Q4 開業初年度はどのような年でしたか？

A4 暗黒の時代でした…。お客様はまったく増えず、嫁さんにも大丈夫かと心配されるほどでした。

　開業から約1年後、2015年の夏ごろ、最初のお客様を社労士さんとの助成金活用セミナーで獲得しました。当時は営業力もなかったので、単価もとても安かったです。その後、本格的にマーケティングを開始しました。

Q5 開業初年度やっておいてよかったこと、やっておけばよかったことは何ですか？

A5 やっておいてよかったことは、商品作り、コンセプトメイクです。どのような商品をどのような値段で売るかをしっかり決めることが重要だと思います（☞Ⅳ−2〔48ページ〕）。また、勉強会などに参加して、伸びている先生がいることを認識することが大切です。

　また、どんな事務所にしたいかをしっかり考えておいたほうがよいと思います。中堅大手を目指すのか、小規模事務所を目指すのか。小規模事務所の場合は社員が幸せかどうかをしっかり考えるべきです。ずっと小規模事務所でいたら、自分だけ儲かって、社員は不幸になってしまうのではないかと私は思いました。

Q6　採用・職員のマネジメントについて思うことは何ですか？

A6　はじめての採用は、仕事が溢れすぎて、精神的にいっぱいいっぱいになってしまった際に決めました。

　1人では限界があります。所長としてやらなければいけないことに集中するためには、職員が必要です。1人でやると質も下がるので、対お客様にとっても人を採用することが必要だと思います。

　マネジメント面では、「朝礼の声が小さい」「言ったことをちゃんとしてくれない」など職員の些細なことが気になります。ただ、私がコンサルタントに社員の愚痴をこぼしていたら、「それは会社がそうさせたんです。成長しないのは、会社がそういう体制だからです。」といわれ、確かにそうだなと思ってからは考え方を変えました。従業員の声を聞こうと思って、個別面談を行うようになりました。「人のせいにしない」「自分がそういう会社をつくった」という考え方が重要です（☞Ⅴ－14〔215ページ〕）。

Q7　独立してよかったことは何ですか？

A7　仕事が楽しいことです。少なからず現場の近くにいて、独立して「よかったな」と思える機会が多くなっています。「お客様と飲みに行って、『塩谷さんでよかったです』といわれること」が目標だったのですが、昨年達成できてしまいました。

　1つひとつのことでも、独立する前と後では達成感が違います。前の会社にいたときと違うところは「当事者意識」です。実際に自分で

やってみて、経営の辛さを知りました。働いていたら一生味わうこともないですし、独立して、人を雇うこと、マネジメントのこともひと通り経験できたので、社長の仰ることがよくわかるようになりました。

Q8 今後の展望について教えてください

A8 事務所成長のために意識していることは、「よいと思ったことはやる、無理そうだと思ってもやる」ということです。情報収集をしたうえで色々と工夫し、どんどん変えていってみるようにしています。

　今は事務所規模を大きくし、独立当時やりたかった財務支援コンサル、実行支援コンサルを、事業単体で損益が出る事業体として行うことを目標としています。

　お客様がやりたいことをしっかりやったら儲かる、お客様がやりたいことをしっかりやりきるための実行支援コンサルを行ったらお客様は儲かる、そう思っています。ですので、今後はそのことを実証したいと思っています。

成功事務所インタビュー❹

事 務 所 名	**木島圭亮税理士事務所**
代 表 者 名	**木島圭亮**
創 業 日	**2016年8月2日**
所 在 地	**東京都世田谷区三軒茶屋1-33-22 三茶ブラウン202**

事務所規模 （現在）	売　　上：約1,800万円（1期目予測） 人　　数：1名（代表1名） 顧問先数：約55（1期目予測）

Q1　なぜ開業をしようと思ったのですか？

A1　経営者と同じ目線で話がしたかったから、自分も経営者になりたかったということがあります。

　事務所に勤務していたときに、「資金繰りや経営は自分でやってみて初めてわかることだ」というようなことをクライアントの経営者にいわれ、自分でやってみたかったということが開業のきっかけとなりました。

　また、税理士として開業されている先輩税理士から、ある程度実務の経験ができたら、営業や経営のことをしたほうが楽しいよ、と教えていただいたことも開業の後押しになりました。

Q2　開業する際に迷った点、不安だった点はありますか？

A2　不安だらけでしたね。ほんの少しだけお客様はいる中での開業でしたが、生活できるほどの売上ではなく、ほぼゼロからの開業でしたので、「どうやって売上を上げるのか？」が一番の課題でしたね。

　それと資金繰りが不安でした（☞Ⅲ－3〔41ページ〕）。

　また、自宅兼事務所にするか、初めから外に事務所を借りるかとい

う点で迷いました。

外に事務所を借りると自宅とダブルで家賃がかかるので、コスト面では大変なのですが、事務所の戦略として、創業サポートをする方針で考えていましたので、自宅で開業をしてしまうと、そういうお客様に「生ぬるいことやっているな」と思われてしまうのは開業の思いに反するし、顧問先も増やせないと考え、事務所は外で借りることにしました。

Q3 どうやってその不安を解消したのか？

A3 自分で試行錯誤して思い付くことは、既に誰かがやっていることが多いので、それならば誰かに話を聞いたほうが早いと思い、開業税理士が参加している営業や経営に関する戦略を考える勉強会に参加しました。

勉強会に出ている税理士のなかには、年間50件新規獲得しているような方もいたのですが、月1件増えればよいような人も多かったので、実際そのペースだと厳しいなと思っていました。

その勉強会で成功のパターンを知ることができたのは大きかったです。

Q4 開業準備はどのようなことを行いましたか？

A4 税理士資格を取る前から開業を考えていましたので、資金面での準備はずっと進めてきていました。

それと、現在の税理士業界の流れを知るための勉強はしていました。

勤務していた事務所は、紹介中心で年間1、2件しか増えないようなところでしたので、「他の事務所はどうなんだろう？」とずっと思っていました。

そこで、開業1年程前から先進的な税理士が集まる勉強会に参加するようにして、成功している税理士の話を聞くことに注力しました。

Q5 開業準備でやっておいてよかったこと、やっておけばよかったことを教えてください

A5　勉強会などを通じて税理士のつながりをつくっておいたことが本当によかったですね。

先輩税理士は惜しむことなく色々なことを教えてくださいましたので、同業の人脈を作っておいてよかったなと思います。

その一方で、他士業の人脈も作っておいてよかったです。特に、司法書士さんは実際にお客様を紹介してくれたりしたので、営業面でも助かりました（☞Ⅳ章 紹介チャネル開拓編〔134ページ〜〕）。

Q6 開業初年度はどのような年でしたか？

A6　めまぐるしい年でしたね。自分の生き方、人生が180度変わったような年でした。

経営者と話ができるということは、やはりすごい経験ですね。

資金繰りで胃を痛めたというのも、今となっては、よい経験だと思えます。

また、ある先輩から、「金の産まない人との付き合いは切れ」といわれたことがありましたが、そう思っていた人から紹介をいただくこともあり、いろんなことが勉強になっています。

Q7 経営面での苦労はありましたか？

A7　お客様との付き合い方、集客・営業では難しさを感じます。

集客はおかげさまで順調にありますが、営業となるとこぼしてしまうことがありますし、相見積りで負けたりもするので、どう営業するかということで悩みますね（☞Ⅳ章 営業編〔147ページ〜〕）。

また、やはり自分1人で進めることには限界がありますので、どう人を雇っていくかという面で課題を感じています（☞Ⅴ−1〔178ページ〕）。

色々な方にサポートいただいて開業しましたが、それで失敗してしまったら、自分は経営に向いていないんだと思っていましたので、最悪の場合は、事務所勤務に戻るつもりでいました。

Q8 独立してよかったですか？

A8 よかったと思います。この業界にいるんだったら独立すべきだと思います。

事務所のなかで任せてもらえる仕事には限りがあり、ある程度は事務所で勤務していれば経験できることです。それ以上の仕事や、やりがいを求めるなら、やはり独立するしかないですよね。

Q9 今後の展望について教えてください

A9 このやり方でまずは1年間突っ走っていきたいと思います。

あとは採用ですね。今年度中にはパートさんで2人、正社員で1人雇い、事務所を大きくしていきたいと思っています。

そして、今後は利益率の高い業種に絞っていきながら、従業員の成長を早く進めていきたいと思っています。

おわりに

さて、本書の内容は、以上になります。

税理士業界の今後から事務所づくり、集客・営業方法、採用手法まで、開業からスタートダッシュを切るためのプロセスの基本的な考え方や手法論について説明させていただきました。あとはどのように具体的な方法として実践するか、実行していくかということになります。

近年、税理士業界としての競争が激化し、「税理士が必要なくなる」といったネガティブな情報が出ていますが、まだまだ税理士の役割はなくならない点も多く、クライアントに貢献できる点は大いにあります。

本書のなかでは、「差別化」という言葉を使ってきましたが、まさにその「差別化」を税理士の提供するサービスのなかで行っていくことが重要になるのです。

そこが税理士の価値となり、クライアントへの貢献に直結します。

本書のなかでは、今後伸びるマーケットである創業支援マーケットを中心に、再現性が高く成功率が高いホームページ（HP）やダイレクトメール（DM）などのダイレクト・マーケティングの手法を中心に説明してきましたが、そういった方法に依存せずに成長されている事務所もあります。

そういった事務所の特徴を見ていくと、共通しているのは「徹底したサービスへのこだわり」です。

徹底してお客様から相談してもらえる立場になり、パートナーとなることを価値としていたり、資金・財務の部分で価値を提供し、銀行融資だけでなく、ベンチャーキャピタルや投資家からの投資による資金調達手法を提供することを価値としていたりと、何を価値とした

サービスにするかは事務所によって様々ではありますが、それぞれが価値を発揮させる点を明確にしてサービス提供をしていくことで、そのサービス品質が口コミで広がり、開業から10年たたずに３億円を超える規模に成長されている事務所もあります。

特に、これからの税理士業界のなかでは、このサービスの価値を求められるような時代になっていくと思います。

「サービスへのこだわり」を差別化の要素として取り入れることで、より一層強い事務所づくりができていくことにつながります。

目指していただきたいのは売上３億円事務所

開業前の方にとっては、開業自体が目標であると思いますが、開業を達成した後の目標として持っていただきたいのが売上３億円事務所です。

よくいわれるのが１億円、10名事務所の達成ではありますが、そこまでは集客、採用、営業の仕組みが整っていれば、５年以内には達成できてしまう方もいることでしょう。

ですので、本書をご覧いただいた皆様にはあくまでも３億円の事務所になるための中間地点として、より高い視点で目標を描いていただきたいと考えています。

売上３億円の事務所となると、大都市圏を除けばほぼ地域１番店クラスの売上となることが多く、地域のTOP5には入る規模です。

売上１億円を超えてくると、徐々に税理士としての資格者の仕事から、経営者の仕事にシフトし、現場で動くことが少なくなります。

１億円までは経営者が自分で引っ張ることで大きくすることができますが、３億円になるころにはリーダー・幹部となる人材が複数必要になってきます。

そして、代表者の仕事も、経営者業に集中することになり、ステージが変わります。

人数も増えることで、できることがどんどん増えるようになります。
新しい事業をスタートする方もいるでしょう。

　税理士の資格にとらわれることなく、クライアントである中小企業の役に立つことであれば何でも取り組むことができる、その事業の拡がりが税理士業界の魅力の１つだと思います。

　本書をご覧になった皆様が、税理士業界でのチャンスを活かし、数年後に経営者として新たなステージに上がり、開業の成功者となっていることを祈っています。

　　　株式会社船井総合研究所　士業支援部　会計グループ一同

著者紹介

船井総合研究所　士業支援部　会計グループ

船井総合研究所は1970年創業の東証一部上場企業で、船井総研ホールディングスの中核事業会社。「お客様の業績を向上させること」を最重要テーマとし、独自の経営理論（フナイ理論）に基づくコンサルティングを行っている。

また、社会的価値の高い「グレートカンパニー」を多く創造することをミッションとし、企業の本質的な「あり方」にも深く関与した支援を実施している。現場に密着した実践的コンサルティング活動は様々な業種・業界から高い評価を得ており、2016年12月末時点で599名のコンサルタントが支援先のサポートに当たっている。

同社士業支援部 会計グループは、総勢20名のコンサルタントが、会計事務所・税理士事務所の業績アップ支援を展開。開業前・開業間もない事務所から、業界トップクラスの事務所が参加する「経営研究会」の会員は250社を超える。

開業間もない事務所向けの即効性のある顧問先開拓手法の提案や、創業支援を切り口とした顧問獲得、経理代行ビジネス導入、相続税申告獲得などのマーケティング支援などの業績アップ提案から、会計事務所に特化した中途・新卒採用支援、評価制度作成、中期経営計画作成などの組織化支援まで、会計事務所に特化した経営コンサルティングを提供している。

なかでも、本書でも取り上げた創業支援ビジネスの最先端の情報と将来の会計事務所が目指すべき財務支援に関する情報交換を行う「創業支援ビジネス経営研究会」が、業界内でも大きな注目を集めている。本書をご覧いただいた方へ特典として、無料ご招待をご用意しております。

詳細内容は下記よりお問い合わせください。

船井総合研究所オフィシャルサイト
http://www.funaisoken.co.jp/

会計事務所経営.com
http://www.samurai271.com/zeirishi/

株式会社HR Force
http://www.hr-force.co.jp

無料経営相談窓口
0120-958-270（平日9:00 ～ 18:00）

サービス・インフォメーション

―――――――――――――――――――通話無料――

① 商品に関するご照会・お申込みのご依頼
　　　　　TEL 0120(203)694／FAX 0120(302)640
② ご住所・ご名義等各種変更のご連絡
　　　　　TEL 0120(203)696／FAX 0120(202)974
③ 請求・お支払いに関するご照会・ご要望
　　　　　TEL 0120(203)695／FAX 0120(202)973

● フリーダイヤル(TEL)の受付時間は、土・日・祝日を除く
　9:00～17:30です。
● FAXは24時間受け付けておりますので、あわせてご利用ください。

**成功の秘訣を知りつくしたコンサルタントが明かす!
スタートダッシュを成功させる
税理士のための開業マニュアル**

平成30年5月20日　初版発行

著　者　　株式会社船井総合研究所　士業支援部
　　　　　会計グループ

発行者　　田　中　英　弥

発行所　　第一法規株式会社
　　　　　〒107-8560　東京都港区南青山2-11-17
　　　　　ホームページ　http://www.daiichihoki.co.jp/

税理士開業 ISBN 978-4-474-06409-6　C2034 (7)